LES RUINES DE PARIS

Avis aux personnes qui veulent monter un Cabinet de Lecture.

BIBLIOTHÈQUE

DES

MEILLEURS ROMANS MODERNES

2,300 volumes. — Prix : 2,500 francs.

Cette collection contient les NOUVEAUTÉS de nos auteurs les plus en vogue publiées jusqu'à ce jour par la maison, lesquelles sont accompagnées d'affiches à gravure et autres. — Tous les ouvrages sont NEUFS et garantis bien complets.

Les Libraires qui feront cette acquisition recevront **GRATIS** *cent exemplaires du Catalogue* complet et détaillé *avec une couverture imprimée à leur nom* pour être distribués à leurs abonnés.

La Maison traite de gré-à-gré pour un nombre moins considérable de volumes à des conditions très-avantageuses.

Grandes facilités de payement moyennant les renseignements d'usage. Le Catalogue se distribue gratis aux personnes qui en feront la demande par lettres affranchies.

Paris. — Imp. P.-A. BOURDIER et Cie, rue Mazarine, 30.

LES
RUINES

DE PARIS

PAR

CHARLES MONSELET

auteur de

La Franc-Maçonnerie des Femmes.

IV

PARIS

L. DE POTTER, LIBRAIRE-ÉDITEUR

RUE FONTAINE MOLIÈRE, 27.

Droits de traduction et de reproduction réservés.

LES
PETITS BOURGEOIS
PAR
H. DE BALZAC.

Dans les *Employés* ou la *Femme supérieure*, Balzac avait déposé le germe de la délicieuse peinture de mœurs qui, sous le titre de *les petits Bourgeois*, présente d'une manière si gaie et si exacte un des aspects de la vie parisienne. Comprenant que la profondeur de l'observation et la vérité des caractères ne constituent pas tout le mérite d'un roman, l'auteur a eu soin d'introduire, dans celui que nous recommandons à l'intérêt du lecteur, une dose d'intérêt dramatique que Corentio, le terrible homme de police, d'*Une ténébreuse Affaire* et de *Splendeurs et Misères des Courtisanes*, ne pouvait manquer d'y porter avec lui. La figure de Tartufe, refaite selon les mœurs de notre époque et jetée au milieu de toutes les petites passions de la bourgeoisie, crée avec elle le contraste le plus saisissant. Tout en y montrant, dans un piquant relief, les ridicules de la petite classe moyenne, Balzac n'a pas manqué pour elle de justice, et il a dit aussi ses côtés dignes et élevés. La moralité, dont on a quelquefois regretté l'absence dans certaines de ses œuvres, n'est pas ici moins rayonnante que dans *César Birotteau* : c'est une peinture vraie, sans amertume, et malgré une légère couche de burlesque dont elle a dû par moment être affublée, l'honnêteté, dans ce livre plein de cœur, finit par rester maîtresse du champ de bataille. La grandeur de la vie privée, le parfum doux et vivifiant que répandent autour d'eux les sentiments de famille, finissent par y dominer toutes les émanations fétides et insalubres qu'exhalent les bas-fonds sociaux où l'auteur devait être entraîné par son sujet, s'il voulait faire un tableau complet. Jamais il n'a peint l'amour avec plus de fraîcheur et de pureté; jamais il n'a été plus gai sans cesser d'être dramatique; jamais il n'a observé plus finement, sans que sa plume eût l'air d'un scalpel et sans que son étude de mœurs ressemblât à une autopsie.

LE CABINET NOIR
PAR
CHARLES RABOU.

L'histoire d'une institution ténébreuse autour de laquelle l'imagination est autorisée à grouper les combinaisons les plus dramatiques; une fable pleine d'originalité et d'intérêt, qui, s'ouvrant à la mort de Charles Ier d'Angleterre et ne se dénouant qu'à la mort de Napoléon, est successivement conduite par l'auteur, en Angleterre, en Allemagne, en France, en Ecosse, en Italie, aux Etats-Unis, à Malte et jusque dans l'île africaine de Madagascar; au milieu de cet horizon vraiment épique, une foule de personnages saisissants, dominés par une grande figure que ne cesse d'entourer une mystérieuse atmosphère; des incidents sans nombre, dont le lecteur suit néanmoins sans fatigue la marche et le développement; de curieux détails sur les sociétés secrètes ; en un mot, toutes les émotions que peuvent créer l'histoire, le drame et le roman, réunies dans un cadre où la grandeur ne fait jamais tort à l'unité, tels sont les éléments du livre où le sombre auteur des *Contes Bruns* et de *l'Allée des Veuves* a résumé toute la force d'invention qui caractérise son talent. L'Allemagne, pays où les romans noirs ont toujours fait fortune, n'a pas attendu que l'auteur eût achevé son œuvre, et deux traductions paraissant simultanément à Leipzig et à Vienne, avant qu'un journal français eût terminé la publication du livre de M. Charles Rabou, témoignent de la sensation qu'il a produite, même à l'étranger.

Paris. — Imp. de P.-A. BOURDIER et Cie, 30, rue Mazarine.

CHAPITRE PREMIER.

I.

e rendez-vous (*Suite*).

—Je vous plains, dit René, véritablement attendri; mais je ne puis que vous plaindre. J'aime Claire... et Claire m'aime.

— Elle ne peut vous aimer autant que moi, c'est impossible! s'écria Hortense avec explosion.

— Elle a ma parole.

— Votre parole... vous la retirerez.

— Non.

— Vous la retirerez, vous dis-je, ou bien....

— Ou bien?

— Il arrivera une chose affreuse! dit

Hortense à voix basse, et comme en frémissant de ses propres paroles.

—Quoi qu'il arrive, je serai l'époux de Claire.

—Non, car je dirai à Claire : Voilà le meurtrier de ton père!

—Vous ferez un mensonge infâme!

— Elle m'entendra.

—Elle ne vous croira pas! s'écria René.

— En êtes-vous bien sûr?

— Vous manquerez de preuves.

— Détrompez-vous. Les mille francs que vous avez adressés au curé de Saint-Germain-l'Auxerrois étaient accompagnés d'un billet tracé de votre main.

— Oh! c'est vrai!

— Ce billet est en ma possession.

— Prouve-t-il autre chose que de l'intérêt pour la fille de ce malheureux ouvrier?

— Peut-être.

— O mon Dieu! murmura René en cherchant à échapper à cette étreinte infernale.

— D'ailleurs, ajouta Hortense, si je ne réussis pas à prouver l'assassinat, je prouverai du moins le vol.

— Taisez-vous!

— Vous serez ruiné.

— Eh, que m'importe!

—Oui, mais il y aura débat et éclat judiciaires. Claire voudra-t-elle d'un homme flétri, d'un...

—Arrêtez! pas un mot de plus.

—Elle reculera devant l'opinion publique, elle reculera devant vos larmes et devant votre sincérité, elle reculera devant son propre amour; car, meurtrier ou non, il y aura toujours, présente à côté de vous, l'ombre sanglante de son père!

—Pitié! s'écria René; grâce! pitié!

— Pitié pour qui! grâce pour qui?

— Oh! pour elle!

— Elle ne saura rien, si vous renoncez à l'épouser.

— Hortense, je vous en conjure, laissez-moi faire un appel à votre cœur. Soyez généreuse !

La fille du libraire sourit avec étrangeté.

— Me sacrifier encore? dit-elle, me sacrifier toujours? Non, non, c'est assez.

—Au nom du ciel...

—Une dernière fois, choisissez entre elle et moi, dit Hortense.

René entrevit la profondeur de l'abîme où la jalousie d'Hortense allait le précipiter lui et Claire.

Il murmura, en fermant les yeux, comme un homme qui s'abandonne à la destinée :

— Que Claire ignore toujours les circonstances qui ont environné la mort de son père !

Lorsque les acteurs de cette scène décisive se furent éloignés et perdus dans l'ombre, une tête s'éleva au-dessus du parapet, du côté qui regarde la rivière. C'était celle du comte de Plougastel, qui avait tout entendu en se hissant sur la toiture des bureaux d'une compagnie de bateaux à vapeur.

Un mois après la scène qu'on vient de lire, une modeste église du Marais recevait deux jeunes gens qui venaient y chercher la bénédiction nuptiale.

C'étaient René de Verdières et Hortense Jorry.

Quèlques personnes seulement, c'est-à-dire les parents et les indispensables témoins, assistaient à cette cérémonie, qui était empreinte d'un caractère mélancolique et comme résigné.

Pour ajouter aux tristesses de cet hymen, le temps lui-même s'était fait morne et sombre. Une pluie incessante se ruait contre les vitraux de la chapelle, en y laissant des traces de larmes. Ce bruit monotone, mêlé aux psalmodies de l'officiant, tombait sur l'âme et y faisait germer un insoutenable sentiment de chagrin.

On était au milieu de la journée.

L'église était à peu près déserte.

Une chaise de poste attendait dans la rue, et les piaffements des chevaux couvraient par intervalles la voix du prêtre.

A l'issue de la bénédiction, les deux nouveaux époux montèrent en voiture, après avoir pris congé, Hortense de son père, et René, du comte et de la comtesse de Plougastel.

Ces adieux eurent lieu sans effusion,

sous le porche, devant une rue d'où la pluie chassait tous les curieux.

Comment René avait-il fait pour rompre ses engagements vis-à-vis de Claire? Hélas! après toutes sortes de douleurs et d'hésitations, il avait écrit au docteur Anselme une longue lettre dans laquelle, mettant en avant les scrupules de sa famille, il retirait sa parole donnée.

René avait confié cette lettre à son oncle, M. de Plougastel, qui se chargea de la porter lui-même au docteur, dont l'étonnement et l'indignation furent extrêmes.

Le cœur de ce vieillard faillit se briser lorsqu'il fallut transmettre à Claire cette affreuse nouvelle.

Claire eut plus de force que lui, ou du moins elle affecta d'en montrer davantage, car ce fut elle qui essaya de consoler le docteur, et qui, la première, lui désigna du doigt, en souriant du sourire des affligés, l'ivoire d'un crucifix qu'elle tenait de sa mère.

En la quittant, le docteur Anselme put donc croire que le coup serait moins terrible qu'il ne l'avait redouté.

Il se trompait. Quelques jours ensuite il apprenait que la jeune fille avait disparu de son domicile et qu'on ne savait ce qu'elle était devenue.

Cette disparition frappa cruellement René. Il fit opérer en secret des perquisitions qui toutes demeurèrent sans résultat.

Alors, devenu indifférent et sombre, uniquement conseillé ou plutôt harcelé par M. de Plougastel, que la fille du libraire avait entièrement gagné à sa cause, il n'apporta plus d'obstacles à son mariage avec Hortense. Il l'épousa, ou pour mieux dire il se laissa épouser par elle.

Hortense avait donc triomphé, Horténse était arrivée à son but! Mais sa victoire, aux aspects voilés et sinistres, ne devait satisfaire que son amour-propre uniquement.

Elle avait espéré que le tepms lui amènerait le cœur de son époux. Le temps se chargea de lui prouver qu'il ne faut point fonder d'espérances sur un cœur qu'on a frappé à mort.

Vainement se montra-t-elle bonne; affectueuse, discrète, patiente; vainement sembla-t-elle justifier, pour ainsi dire, l'ambition qu'elle avait eue d'être sa femme malgré lui, René demeura insensible.

CHAPITRE DEUXIÈME.

II.

Mariage et voyage.

Ils visitèrent ensemble l'Allemagne; ils y promenèrent leur lune de miel — ou plutôt leur lune de glace. La société allemande les reçut. L'un et l'autre connurent ce faste après lequel ils avaient tant aspiré, mais qui ne devait pas leur donner le bonheur.

En quittant la France, René de Verdières n'avait pas renoncé à l'espérance d'apprendre tôt ou tard des nouvelles de Claire; il avait donc prié son oncle de poursuivre les démarches nécessaires pour retrouver sa trace, et de ne reculer devant aucune investigation, si coûteuse qu'elle fût.

Avec le caractère qu'on lui connaît, le comte de Plougastel n'avait pas manqué de prendre la balle au bond : il s'était engagé, de la manière la plus formelle, à remuer Paris et à faire bouleverser les départements. En conséquence, tous les quinze jours environ, René recevait de M. de Plougastel un bulletin à peu près conçu dans ces termes :

« Je suis sur le point de recueillir de précieux renseignements sur l'endroit où se cache notre jeune fugitive. Mais que de dépenses ne faut-il pas supporter! je suis obligé de payer le moindre indice au poids de l'or. Aussi, malgré la pension que tu me fais tenir très-régulièrement, cher neveu, me vois-tu aujourd'hui forcé de te demander un supplément de quinze cents francs pour subvenir à de nouveaux frais d'informations. Ma prochaine lettre t'apportera sans doute les détails les plus précis, etc. »

La prochaine lettre n'apportait, en fait de détails, que cette variante :

« J'ai les plus intimes raisons de croire que l'intéressante Claire habitait, il y a deux semaines, une chambre du quartier des Brotteaux, à Lyon.

» Ne pouvant partir moi-même pour cette ville, à cause de l'extension inouïe que prend mon commerce du *Parfum des Almès*, je viens d'y envoyer une personne sûre et munie des instructions nécessaires. Toutefois, je n'ai pu la décider à ce déplacement, qui est, à ce qu'elle prétend, fort préjudiciable à ses intérêts, que sous la promesse d'une indemnité de mille francs, en dehors, bien entendu, de ses frais de voyage. C'est donc un nouveau crédit que je te prie de me faire ouvrir chez ton banquier. Tout fait espérer, d'ailleurs, que cette mission sera couronnée d'une pleine réussite.

» Ah! si tu avais employé à me faire chercher en Russie la moitié des soins et de l'activité que je déploie à la poursuite de cette jeune fille, il y a bien des années que tu m'aurais déjà pressé sur ton cœur!

Au bout de six mois à peine, il se trouva que René avait dépensé une dizaine de mille francs à cette chasse imaginaire. Le comte de Plougastel ne se lassait pas de lui faire entrevoir des lueurs fallacieuses; et une de ses dernières lettres, adressée aux eaux d'Ems, s'exprimait de cette triomphante mais monotone façon :

« Victoire! mon cher René. — Oui,

dans quelques jours, je pourrai m'écrier : Victoire ! — Crois-tu que j'avais fini par être honteux vis-à-vis de toi du peu de succès de mes démarches ? Enfin, je sais pertinemment aujourd'hui où est Claire. Elle s'est réfugiée sur les côtes d'Angleterre, où mes émissaires ne peuvent manquer de la découvrir.

» Dans cette certitude, j'ai dû faire équiper un yacht, ce qui, entre parenthèses, n'a pas laissé que de me mettre un peu à découvert. C'est pourquoi je te prie de me rembourser au plus tôt de trois mille francs. Sans l'installation coûteuse de mes magasins du *Parfum des*

Almès, je ne t'aurais pas parlé de cette misère. »

Cette fois, René crut devoir couper court au zèle de son oncle. Il ne répondit plus à ses lettres et changea même d'itinéraire.

De son côté, Hortense avait cessé d'écrire à son père, sur la recommandation que celui-ci lui avait faite de lui épargner, autant que possible, les ports de lettres inutiles.

Dix mois s'écoulèrent ainsi.

Au bout de ce temps, le libraire Jorry jugea qu'il était convenable de s'enquérir de sa fille et de son gendre, et, dans cette intention, il se dirigea vers la rue de Braque.

Arrivé là, il se crut pendant un instant le jouet d'une hallucination.

Le sévère hôtel s'était métamorphosé en un vaste bazar. Au-dessus de la grande porte, déshonorée, s'étalait un tableau représentant un intérieur de sérail : des odalisques couchées et peignant toutes leurs cheveux. Les sept couleurs du prisme s'étaient donné rendez-vous sur cette toile, brossée avec le pinceau aux dents de quelque Ducornet, qui cumulait sans doute l'étude du décor et la pose des vitres.

Des oriflammes rouges flottaient aux croisées du second étage, avec cette inscription en léttres d'argent :

Parfum des Almès.

Jorry examina dix fois le numéro de la maison, frotta autant de fois ses yeux, revint sur ses pas. et demeura convaincu qu'il se trouvait bien en face de l'hôtel de René de Verdières.

Comme pour achever de le plonger dans la stupeur, deux ou trois laquais apparurent sur le seuil. Ils étaient uniformément coiffés de ce fameux chapeau de peluche couleur bleu-de-roi, dont le modèle était resté à l'état de souvenir inquiétant dans le cerveau du libraire.

Il comprit que le comte de Plougastel avait pris pied dans l'hôtel de René.

Furieux, Jorry entra dans la cour et se jeta plutôt qu'il ne pénétra dans la loge du concierge.

—Que se passe-t-il donc chez mon gendre? demanda-t-il avec une voix que la colère rendait bégayante.

Mais, au lieu du bonhomme auquel il avait l'habitude de parler, il se vit en présence d'un Turc mélancolique et coiffé d'un turban énorme.

— Ah! monsieur Jorry! s'écria ce Turc d'un ton éploré.

— Qui diable êtes-vous? il me semble que je vous connais, mais je ne vous remets pas précisément sous ce costume.

— Je suis Joseph... l'infortuné Joseph !

— Joseph ?

— Le valet de chambre et l'homme de confiance de M. de Verdières.

— Attendez donc... en effet... Pourquoi êtes-vous accoutré de cette façon ?

— Ah ! monsieur ! put à peine articuler Joseph.

Et il éclata en sanglots.

Voyons, ne pleurez pas, mais parlez, dit Jorry.

— Je ne m'en consolerai jamais.

— Expliquez-vous.

— Moi qui avais des principes religieux !

— Auriez-vous abjuré la foi de vos pères ?

— La foi, non, mais l'habit. On m'a forcé de revêtir ce caftan hérétique.

—Qui ?

— Le plus implacable des tyrans.

— Vous allez me rendre fou, comme les autres. Je ne comprends pas plus ce que j'entends que ce que je vois. Suis-je tombé dans Trébizonde ?

— Trébizonde, oui, monsieur, répéta l'éploré Joseph.

— Enfin, vous êtes maintenant Turc et concierge chez mon gendre ?

— Hélas ! oui , par la volonté de M. le comte de Plougastel.

— Comment cela s'est-il fait ?

— Il m'a abordé un matin, en me disant :

« Joseph , regardez cette gravure. » (C'était le portrait de Mahomet en lithographie.) « Vous allez vous efforcer de ressembler à ce modèle, a-t-il ajouté ; je veux un concierge oriental ! »

— Oriental !

— « Suspendez aussi à votre ceinture ce damas à lame recourbée, et de temps en temps caressez-en le manche avec un air farouche. O mes cheveux blancs !

— Il fallait vous soustraire à cette fantaisie ridicule, dit Jorry.

— Son neveu lui a donné ses pleins pouvoirs. J'ai résisté tant que j'ai pu. Moi, si estimé, si respecté jusqu'à ce jour dans le quartier ! Je n'ose plus m'aventurer hors de l'hôtel, dans la crainte d'être poursuivi par les enfants. Oh ! monsieur Jorry, en votre qualité de parent, obtenez que je sois réintégré dans ma modeste livrée d'autrefois, ou cette loge deviendra mon tombeau.

J'en parlerai aujourd'hui même à M. de Plougastel.

— Dites-lui que je suis un mauvais Turc, un Turc sans conviction...

— Oui.

— Que je déshonore le Croissant.

— Comptez sur moi ; mais votre accoutrement est une des moindres choses qui m'offusquent ici. Je veux savoir le mot de ces enseignes et de ces parades.

— Comment ! dit Joseph en regardant avec surprise le libraire ; ignorez-vous que M. le comte de Plougastel exploite en grand son invention ?

— Il s'est fait parfumeur !

— Parfumeur, oui, monsieur Jorry, et il n'a pas hésité à faire coller ses armoiries sur les étiquettes de toutes ses fioles.

— René ne sait donc rien de ce qui se passe chez lui ?

— Je ne pense pas que M. de Plougastel l'informe de certains détails.

— Vous auriez dû écrire à votre maître, Joseph.

— Je ne connais pas son adresse.

— Diable ! je ne suis pas plus avancé que vous, et c'est ma faute : j'ai recommandé à ma fille d'épargner les ports de lettres.

— Hélas! murmura Joseph en essayant de lever vers le ciel un œil qui ne rencontra que le rebord de son turban.

Jorry était devenu très-soucieux.

— Pourvu que ce Plougastel n'aille pas ruiner mon gendre, reprit-il.

—Cela vaudrait mieux que de l'avilir, grommela Joseph sur une sourdine tragique.

— Ecoule-t-il ses produits?

— Les badauds sont en si grand nombre ! dit Joseph en haussant les épaules.

— Ah !

— On entre chez nous comme dans un théâtre forain.

— Vraiment !

Les traits de Jorry s'éclaircissaient.

— Il prospère donc ? demanda le libraire.

Chaque jour je vois passer devant ma

loge plus de trois cents personnes nouvelles; ce sont autant de témoins de mon humiliaton.

— Trois cents !

Cela ne fait-il pas pitié !

— Chut! quel est ce bruit?... interrompit le libraire, dont l'oreille fut tout coup charmée par un vacarme argentin pareil à celui d'une sacoche qu'on renverse.

— C'est la caisse qui s'ouvre, répondit Joseph en larmoyant.

— La caisse !

— Il y a de quoi en devenir sourd ; cela ne cesse pas une seule minute.

— Quels torrents de numéraire !

— On dit que M. le comte de Plougastel gagne plus de cinquante mille francs par mois. Honte de notre siècle !

—Cinquante mille francs... par mois ! répéta Jorry palpitant.

On entendait toujours les longs et abondants écoulements des sacs d'écus.

— Un preux s'abaisser au point de fabriquer et de débiter de l'élixir! ajouta Joseph en rassemblant tout son dédain.

— Silence! lui dit le libraire d'une voix tonnante.

Le Musulman resta stupéfait.

— M. de Plougastel est un homme de génie! continua le libraire.

— Oh!...

— J'approuve énergiquement sa conduite.

— Vous, monsieur Jorry ?

— Et je n'ai qu'un regret, c'est de n'être pas son associé; entendez-vous, Joseph !

Oh! la soif des richesses! maladie de notre époque ! murmura celui-ci.

— Adieu! fit le libraire attiré par le bruit persistant de ce Niagara monnayé,

Il avait un pied hors de la loge.

— Un mot encore, de grâce ! s'écria Joseph en le retenant ; intercédez auprès de M. le comte de Plougastel, pour qu'il me rende à ma première condition. Je languis dans l'Islamisme.

— Joseph ! répondit Jorry d'un ton sentencieux. un serviteur ne doit pas se préoccuper uniquement de ses goûts et de ses aises. Sachez sacrifier vos désirs à la prospérité de M. le comte.

— Mais vous me disiez tout à l'heure.

— Allah est grand !

Sur ces paroles, Jorry traversa rapidement la cour et arriva au perron de l'hôtel.

Il avisa un domestique sérieux, vêtu celui-là à l'européenne, et il lui dit d'une voix pateline :

— Sans détourner monsieur le comte de ses grandes occupations, pourrai-je avoir le plaisir de lui serrer la main ?

Le domestique sérieux ne le regarda

même pas, et se contenta de lui répondre avec indifférence :

— Monsieur le comte est en ce moment chez M. d'Argout, qui l'a fait demander.

— Chez M. d'Argout !

— Au nom du directeur de la Banque, Jorry fut presque tenté de se signer ; mais il réprima cet acte de fanatisme, et demanda :

— Madame la comtesse est-elle au moins visible ?

— Madame la comtesse déjeune avec madame la directrice de l'œuvre de Saint-Louis de Gonzague.

— Fort bien... je ne suis pas pressé... j'attendrai.

Le domestique sérieux regarda cette fois le libraire, comme un gendarme qui regarde un voyageur et qui s'apprête à lui demander son passeport.

— Je suis un des parents du comte et de la comtesse, dit Jorry avec cette malicieuse humilité des gens mal vêtus qui sentent leur importance.

—C'est différent ; vous ne pouvez alors attendre convenablement dans l'antichambre.

—Conduisez-moi dans la bibliothèque, dit Jorry.

CHAPITRE TROISIÈME.

III.

Mariage et voyage (Suite.)

Cette bibliothèque, située au premier étage, était attenante aux appartements que le comte de Plougastel avait transformés en bureaux.

—Monsieur sera peut-être incommodé par ce bruit? dit le domestique, s'apercevant des tressaillements involontaires du bouquiniste.

— Non, non, mon ami... répondit-il en cherchant à maîtriser son émotion.

— Je reviendrai chercher monsieur dans un instant.

— Oui...

N'ayant plus de témoins de sa faiblesse, Jorry se laissa tomber sur une chaise.

Ce concert métallique le ravissait et le torturait en même temps.

Il écoutait les yeux fermés et les mains jointes, ainsi qu'un dilettante ravi en extrase dans le septième ciel de Rossini. Il lui semblait ouïr les anges eux-mêmes, les anges battant monnaie !

Comme pour compléter son illusion, des voix lointaines se mêlèrent tout à coup à cette symphonie ; des voix qui lui semblèrent plus limpides et plus touchantes que celles des séraphins.

Ces voix disaient :

— Deux mille rouleaux de *parfum des almés* à Pétersen, de Copenhague !

— Embarqués.

— Douze cents à Péchantré et J.-B. Faidherbe, de Lyon !

— Remis à Bourdois frères.

— Quatre mille rouleaux à Gonzalès, de Lisbonne !

— Partis.

— Cinquante caisses de cent rouleaux à Aaroun-el-Cazar et C°, de Tunis! !

— Dito.

Jorry, éperdu, étendait le bras, comme pour s'écrier :

— Assez! assez !...

En ce moment, son regard s'arrêta sur les livres de la bibliothèque.

Pour la première fois de sa vie, il haussa les épaules de dédain.

— Misérables livres ! murmura-t-il, passion mesquine ! c'est vous qui m'avez empêché de faire une fortune aussi considérable que celle de ce comte de Plougastel ! Valez-vous un flacon de ce précieux élixir, qui est pour lui maintenant un intarissable Pactole ? Non ! Et dire que, moi aussi, j'ai failli un instant être un distillateur fameux, un inventeur sublime, et que j'ai abandonné mon négoce d'eau de Cologne pour vous, tristes bouquins, mornes volumes ? Est-ce vous qui pourriez être vendus au son des trompettes, par des Turcs et des laquais mordorés ? Je vous maudis, car vous m'avez éloigné du vrai chemin de la richesse en m'abusant par des bénéfices ridicules. Voyons, toi, Voltaire, et toi, Jean-Jacques, combien m'avez-vous rapporté à vous deux, pauvres philosophes que vous êtes!

Le libraire leur montrait le poing.

— Traitez-moi de Vandale, je m'en moque. Je comprends aujourd'hui la torche d'Omar et les bûchers du Parlement. Il n'y a plus que l'industrie au monde. Oh! devenir l'associé de ce beau, de ce magnifique Plougastel! Mais, hélas! peut-être a-t-il encore sur le cœur mes petites tracasseries d'autrefois, J'ai méconnu ce grand homme, ce sera ma condamnation éternelle; le ciel me punit sur mes vieux jours de lui avoir réclamé avec trop d'instance trente-sept francs cinquante centimes.

Et le libraire allait tomber dans une profonde rêverie; mais il en fut empêché par un *crescendo* de la caisse.

Il ressemblait à un chat qui entend sauter des rats dans un plafond : il s'agitait et trépignait. Tantôt il s'approchait des boiseries, les mains crispées, tantôt il se bouchait les oreilles.

— Je n'y peux plus tenir, s'écria-t-il ; il faut que j'aille à lui et que je lui parle ! Ne suis-je pas de la famille? Ai-je donc tant besoin de me contraindre?

Jorry connaissait la maison ; il pesa sur le bouton d'une porte qui ouvrait sur un couloir. Une fois engagé dans ce couloir, le bruit de l'argent le guida. Il traversa, en chancelant comme un homme ivre, deux pièces sans rencontrer personne. Il s'arrêta devant la troisième : c'était là que résonnait le splendide orchestre.

— O mon Dieu ! murmura-t-il.

La porte était faiblement entrebâillée, il s'en approcha ; l'émotion qui voilait ses yeux ne lui permit d'abord de rien voir ; mais en s'accoutumant à ce cadre étroit, il finit par distinguer deux femmes.

L'une etait Colomba.

L'autre tournait le dos au libraire.

Elles se livraient à une singulière occupation.

Chacune d'elles faisait ruisseler, à tour de rôle, dans le tablier de l'autre, une assez grande quantité de pièces de cinq francs.

Jorry crut avoir mal vu.

Il regarda encore.

Dans les intervalles qui séparaient les écoulements du tablier, les deux femmes échangeaient quelques paroles.

Il écouta.

Est-ce donc bien utile ce que nous

faisons-là tous les jours ? demanda celle des deux femmes dont il ne pouvait apercevoir la physionomie.

— Mon mari prétend que ce bruit est indispensable à la prospérité de son établissement, répondit Colomba.

— Voilà pourquoi il nous nomme ses musiciennes.

— Il appelle cela nous envoyer au piano.

— C'est bizarre, n'est-il pas vrai ?

—Ma chère Fatmé, répondit Colomba, je suis accoutumée depuis longtemps aux fantaisies de M. le comte. Tendez votre tablier.

— Voici.

Les pièces de cinq francs passèrent, avec un fracas d'avalanche, du tablier de Colomba dans le tablier de Fatmé.

— A votre tour ! dit celle-ci.

Jorry bouillait d'indignation.

Il avait découvert le subterfuge à l'aide duquel le comte de Plougastel faisait croire à des opérations colossales.

Il connaissait le secret de ces merveilleuses symphonies exécutées à peu de frais !

O désenchantement ! ô charlatanisme !

Voilà donc comment madame la comtesse de Plougastel déjeunait avec madame la supérieure de l'œuvre de Saint-Louis de Gonzague !

Il en était de même sans doute de

l'entrevue de M. le comte de Plougastel et de M. le comte d'Argout.

Le rouge de la mystification avait monté au front de Jorry.

Il écouta encore.

— Ma chère amie, disait Colomba, excusez un mouvement de curiosité. D'où vous vient ce nom de Fatmé?

— Je le tiens de M, le comte. Au moment où, il y a six mois environ, je me faisais inscrire dans un bureau de placement, il entra, me toisa tout d'abord, et me dit :

— Mademoiselle, voulez-vous faire partie de ma maison de parfumerie ?

Sur ma réponse affirmative, il me fit monter en voiture, et nous arrivâmes ici. Lorsque je voulus lui décliner mon nom, il m'arrêta en me disant :

— C'est inutile, vous vous appellerez désormais Fatmé.

Il sembla à Jorry que cette voix et cette tournure ne lui étaient pas inconnues.

Mais il n'avait ni le temps ni le calme nécessaire pour rassembler ses souvenirs.

Il en avait assez entendu, et il reprit sans précaution le chemin de la bibliothèque.

— Ô chers livres! s'écria-t-il quand il se retrouva devant eux, combien je vous ai tout à l'heure calomniés; pardonnez-moi, précieux Elzévirs, incomparable Estienne! Vous êtes la sapience, la source de toute for-tune !

Et, sans daigner répondre au laquais qui venait lui annoncer que M. le comte de Plougastel était prêt à le recevoir, Jorry redescendit précipitamment le grand escalier, et il ne respira que lorsqu'il se vit dans la cour.

La voix de Joseph essaya de le retenir sur le seuil de la porte cochère.

— Monsieur Jorry!

— Laissez-moi, renégat.

— Une nouvelle !

— Tout commerce avec les infidèles m'est odieux ! répliqua le libraire.

— Vous ne savez pas... M. de Verdières,..

— Adieu ! s'écria Jorry en s'enfuyant.

Ce que le concierge voulait lui apprendre était l'imprévu retour à Paris de René et de sa femme, après une absence de dix mois.

CHAPITRE QUATRIÈME.

IV.

L'Imitation de Jésus-Christ.

Le neveu ne prit pas même la peine de tancer l'oncle. Sombre et amaigri, il semblait que tout lui fût devenu indifférent. Il rentra en possesion du premier étage, et laissa le comte de Plougastel continuer son exploitation au second.

La même taciturnité, la même mélancolie se remarquaient dans Hortense. On aurait dit que ces deux époux traînaient après eux quinze années de mariage.

Leurs rapports n'offraient d'ailleurs rien d'exceptionnel. Ils sortaient ensemble les jours de beau temps, et rentraient ensemble après une promenade en voiture.

Dans une de ces courtes excursions,

une après-midi qu'ils marchaient silencieusement le long d'une contre-allée du bois de Boulogne, ils aperçurent un vieillard assis sur un banc.

Hortense comprima le bras de son mari.

— Le docteur Anselme! dit-elle à voix basse.

Tous deux s'approchèrent d'un commun mouvement.

C'était bien le docteur Anselme, en

effet, mais le docteur Anselme cassé, tremblant, ombre chétive et pensive.

Il était seul. Sa canne traçait de vagues figures sur le sable; tout en lui dénotait une déchéance physique et morale : — ses vêtements, qui n'avaient plus l'admirable propreté d'autrefois; sa cravate blanche, mal serrée et s'en allant de travers; son œil devenu atone; ses rides amoncelées et épaissies.

Pendant un moment, René et sa femme restèrent immobiles devant lui, l'observant avec une surprise triste.

Ce vieillard leur rappelait, à chacun d'eux, un temps et des impressions qu'ils auraient voulu rayer de leur mémoire. Pour René, c'étaient des conseils, des exemples d'honneur trop vite oubliés; pour Hortense, des remords et le souvenir d'une jeunesse comprimée et mauvaise.

René se décida pourtant ; il toucha l'épaule du docteur Anselme.

Celui-ci leva les yeux lentement et le regarda, mais sans le reconnaître ; car le temps, qui avait frappé le vieillard, n'avait pas respecté le jeune homme.

— Que voulez-vous ? demanda le docteur.

René soupira et se rappela combien il était changé, lui aussi.

— J'étais un de vos... clients, autrefois, reprit-il.

— Vous ?

— Oui, docteur.

— Excusez-moi : ma vue s'est bien affaiblie depuis quelques années; mais votre voix ne m'est pas étrangère. Qui êtes-vous?

—Je suis... René... René de Verdières, répondit-il d'un ton mal assuré et en étudiant l'effet de ses paroles sur le docteur.

— René! répéta le docteur Anselme, qui ferma aussitôt les paupières, comme sous l'étreinte d'une vive douleur.

Et il voulut se lever pour s'en aller.

— Arrêtez! lui dit le jeune homme en le retenant.

— Laissez-moi, monsieur ; voici l'heure à laquelle j'ai l'habitude de me retirer.

— Permettez au moins que nous vous accompagnions.

— Nous? dit le docteur surpris.

— Ma femme et moi, balbutia René.

— Docteur, dit Hortense en s'avançant à son tour, qu'est-ce que nous vous avons donc fait? pourquoi nous fuyez-vous ainsi ?

Le docteur examina Hortense des pieds à la tête, mais silencieusement, et avec une expression indéfinissable.

— Est-ce que vous ne me reconnaissez pas, moi non plus? continua-t-elle, inquiète de cet examen.

— Si, oh si! dit le docteur, sans chercher à déguiser l'amertume de son accent.

— Eh bien! pourquoi votre voix et votre regard sont-ils si sévères pour moi? N'étais-je pas votre amie, jadis?

du moins, c'était le nom dont vous vous plaisiez alors à me gratifier.

— Une amie ? je n'en avais qu'une...

La même pensée, la même commotion se communiquèrent à René et à sa femme.

— .... Et c'était Claire, acheva le docteur en inclinant la tête.

René devint pâle.

Il se rapprocha du vieillard, et, oubliant tout, oubliant Hortense, oubliant le lieu public où il se trouvait :

— Qu'est-elle devenue? s'écria-t-il.

Le docteur ne répondit pas.

Il avait recommencé ses figures sur le sable.

— Au nom du ciel, répondez-moi! Qu'est-elle devenue? répéta René, saisissant le bras du docteur Anselme.

— Que vous importe? dit celui-ci en se dégageant et avec une dignité que n'auraient pas laissé soupçonner ses précédentes paroles.

René allait insister, lorsqu'il rencontra le regard d'Hortense.

Ce regard était résigné, mais suppliant.

— Vous avez raison, murmura-t-il en s'adressant au médecin ; qu'est-ce que cela peut me faire? qu'est-ce cela doit me faire? Cela ne me regarde pas, en effet.

— Vous êtes heureux sans doute, reprit le docteur Anselmo en les confondant dans un même coup d'œil; en quoi le sort des autres pourrait-il vous toucher?

— Heureux! dit René.

Un sourire ou plutôt un frisson passa sur ses lèvres blêmes.

En ce moment, un domestique traversait la contre-allée et arrivait auprès du docteur Anselme. C'était l'homme qui, tous les jours, était chargé de le conduire et de le reconduire.

Le docteur prit son bras et s'éloigna avec lui dans la direction de la ville.

Ce soir-là, René et Hortense rentrèrent sans se dire un mot, agités tous les deux par la rencontre imprévue qu'ils venaient de faire.

Ce que René de Verdières eut de plus pressé, le lendemain, ce fut de s'enquérir du docteur Anselme. Le domestique de la veille lui avait appris qu'il demeurait dans une maisonnette isolée du quartier Beaujon, à deux pas des Champs-Elysées. Le docteur était plus pauvre et plus fier que jamais; il fréquentait moins rarement les bibliothèques publiques et particulières; à l'état chancelant de sa santé s'était ajoutée une tristesse incurable et dont on ignorait le motif. Lui, si pimpant autrefois, si causeur, il était devenu muet et grave; quelquefois même on surprenait des larmes dans ses yeux.

Pauvre docteur Quatre-Epingles!

René de Verdières ne soupçonnait que trop le sujet de cette mélancolie. Il savait qu'au déclin de ses jours le docteur avait placé sa dernière affection sur la fille de Bertholet. L'abandon de celle-ci par René l'avait sans doute frappé au cœur.

— Et lui aussi ! se disait René, lui aussi, ce pauvre vieillard, se trouve atteint par ma funeste prospérité! De tous ceux que j'ai connus, aucun n'échappe à cette loi fatale; il semble qu'une malédiction s'exhale de moi.

Les premières tentatives de René pour parvenir auprès du docteur furent d'abord vaines; mais il ne se rebuta pas. Un matin, en se réveillant, après quarante-huit heures d'une fièvre continue

et brûlante, le docteur Anselme vit René
de Verdières assis au chevet de son lit.

Il n'eut pas la force de l'en chasser.

A dater ce ce jour, ces deux hommes
renouèrent en partie leurs relations ;
mais le lien sympathique était rompu à
jamais. René le sentait bien. Leur conversation ne portait que sur des choses
indifférentes ; ou s'ils arrivaient à ressaisir quelques étincelles des vives et franches causeries d'autrefois, c'était lorsque leur goût commun les mettait sur le
terrain de la bibliographie.

On comprendra donc comment, à la suite d'une discussion qui s'éleva entre eux sur un texte quelconque. René de Verdières réussit un jour à amener le docteur Anselme dans sa bibliothèque.

Extasié par les trésors de science et de poésie en face desquels il se trouvait, le docteur ne prêtait qu'une faible attention aux paroles de René ; il allait des manuscrits du douzième siècle aux ouvrages imprimés du seizième, laissant Tahureau pour Larivey, ouvrant Saint-Amand et feuilletant Auvray, poussant de petits cris de joie, s'élevant sur la pointe des pieds pour atteindre aux degrés supérieurs, flairant les reliures, interrogeant les marges, donnant enfin tous les signes de cette joie uniforme dont sont saisis les lettrés du monde entier à l'aspect d'une belle collection.

Tout à coup René le vit s'arrêter devant un volume, étendre les bras, puis chanceler.

— Qu'éprouvez-vous, docteur? s'écria René en s'avançant vers lui.

— Ce livre... ce livre !

René suivit la direction des regards du docteur : ils flamboyaient sur l'*Imitation de Jésus-Christ.*

— Oh ! laissez-moi le revoir, le toucher ! s'écria le docteur en reprenant des forces ; ce livre est le premier qui ait frappé mes yeux et rayonné sur mon berceau !

Il s'en était emparé et il le baisait pieusement.

René le regardait faire d'un air d'épouvante...

Ce premier tribut donné à la surprise et à la joie, le docteur Anselme ouvrit le livre et en examina scrupuleusement les parois intérieures.

Il reconnut que la page du faux-titre avait été décollée.

— Plus rien ! murmura-t-il douloureusement.

— Que vous attendiez-vous donc à trouver là ? demanda René de Verdières, les cheveux hérissés.

— Le testament de mon père.

— Ah !

René s'était laissé tomber, livide, dans un fauteuil.

A son tour, l'attention du docteur se porta sur lui.

Il s'approcha.

— Vous êtes... le duc de Fontenay? dit René, faisant un effort surhumain pour détacher sa langue de son palais.

— Oui, répondit le vieillard étonné; mais qui vous a instruit... quel soupçon...

Il n'acheva pas.

— Pardon! s'écria René, en se précipitant à genoux; oh! pardon!

— Malheureux! dit le docteur, reculent instinctivement.

Il avait deviné la vérité.

— C'est donc vous ?... reprit-il.

— Je vous rendrai tout ! je vous rendrai tout ! dit René le front dans la poussière.

— O mon Dieu ! murmura le docteur les yeux levés vers le ciel.

Pendant plusieurs instants, on n'entendit que les sanglots de René agenouillé aux pieds du vieillard.

— Relevez-vous, lui dit enfin celui-ci ; votre sincérité dans le repentir a déjà plaidé votre cause.

Ce fut alors que René initia le docteur

à toutes les circonstances qui avaient accompagné et suivi sa funeste trouvaille. Ce dernier n'eut, dans l'inaltérable bonté de son âme, que de la compassion.

— Pauvre enfant! s'écria-t-il en apprenant le parti qu'Hortense avait tiré de la position que lui avait faite le hasard; voilà donc pourquooi vous fûtes forcé de renoncer à Claire!

— Ah! le ciel m'a cruellement puni! dit René; j'ai été enchaîné sur mon trésor comme Prométhée sur son rocher, et une femme s'est acharnée à dévorer mon cœur. Oh! ses griffes de démon, je les sens encore dans ma poitrine, je les sentirai toujours! Voyez l'horrible rôle que cette femme joue dans ma destinée : sans elle, à cette heure, vous ayant restitué votre fortune, je serais dégagé de toute crainte. Elle est pour moi la chaîne du forçat. Que je tente de la repousser, elle me rappelle non seulement mon infamie, mais encore elle menace de faire peser sur moi la responsabilité d'un autre crime, que je n'ai pas commis.

— Je vous protégerai de ma parole et de mon autorité.

— Vous !

— N'ayant plus rien à vous reprocher, n'ayez plus rien à craindre.

René secoua douloureusement la tête.

— Je vous arracherai à la tyrannie l'Hortense, reprit le docteur.

— Oh ! si vous disiez vrai !

— Dieu m'inspirera. Mais, ajouta le vieillard en se levant, les émotions d'aujourd'hui m'ont brisé. Demain, je vous dirai ce que je prétends faire : venez chez moi ; je vous attendrai toute la matinée.

— Demain, je serai redevenu un honnête homme! dit René en reconduisant le duc de Fontenay.

Seulement il avait compté sans le hasard.

Derrière la porte secrète de la bibliothèque, où venait de se passer cette scène, il y avait une femme qui avait tout entendu.

C'était Hortense.

— Rendre cette fortune? murmura-t-elle blême et les lèvres serrées; oh! non! elle lui a coûté trop cher!

CHAPITRE CINQUIÈME.

V.

Naufrage du Sardanapale.

Cinq minutes s'étaient écoulées depuis le départ du docteur Anselme. René de Verdières venait de rentrer dans son cabinet, lorsqu'il y fut rejoint par M. le comte Plougastel.

Le comte était vêtu d'une robe de chambre historiée qui lui donnait l'apparence d'un dentiste fastueux.

Son visage, habituellement ouvert et souriant, était par exception brumeux comme un ciel de novembre.

Sa démarche, qui d'ordinaire était celle des grands premiers rôles du boulevard, trahissait ce jour-là une nuance d'hésitation.

—Mon cher René, dit-il, je viens te demander un quart d'heure d'entretien.

Sa voix n'avait plus le mâle accent du clairon.

—Comme il vous plaira, mon oncle, dit René en lui désignant un fauteuil.

Le comte de Plougastel commença :

— Je ne procéderai pas par mes précautions et par ménagemens : j'irai droit au fait. Rassemble donc tes forces, et prépare-toi à recevoir un rude coup.

— J'attends, mon oncle.

— Le *Sardanapale* a fait naufrage!

— Qu'est-ce que c'est que le *Sardanapale?* demanda René de Verdières.

— C'est le nom d'un bâtiment sur lequel j'avais opéré un chargement considérable de mon *parfum des Almés* huit cent caisses pour Rio-Janeiro. Tout a péri sur les côtes d'Espagne; les journaux confirment aujourd'hui cet épouvantable sinistre.

— Personne n'a échappé à la mort?

— Personne..

— C'est un affreux malheur, en effet, dit René.

— L'Océan n'a roulé sur la plage que des débris de mâture et quelques fragmens de caisse sur lesquels mon estampille a été reconnue.

— Vous étiez assuré, sans doute?

— Hélas! non; c'est ce qui fait mon désespoir.

— Je le comprends et je le partage, mon oncle.

— Tu le partages, n'est-ce pas ? dit le comte de Plougastel.

Il saisit la main de René, en ajoutant :

— Ah ! c'est bien ! très bien ! brave cœur ! digne cœur, je n'attendais pas moins d'un Plougastel. Je vais sonner, afin qu'on apporte ici mes livres.

—Pour quoi faire? demanda René,

—Pour que nous constations ensemble mon déficit.

—Ce soin vous regarde seul.

—Alors tu te fies entièrement à moi dit le comte.

— Et pourquoi ne m'y fierai-je pas?

—Le comte de Plougastel garda un instant le silence; puis, reprenant:

—Tiens, mon cher neveu, je crains que tu n'aies pas saisi complétement le sens de mes paroles.

— Cela se peut, mon oncle, car je suis très préoccupé en ce moment.

— Je vais donc mieux m'expliquer.

— Je vous écoute, dit René de Verdières.

— Tu n'es pas sans avoir entendu parler de Law?

— De Law?

— Oui, le controleur des finances sous le régent, dit le comte de Plougastel.

René de Verdières murmura :

— C'est sans doute quelque facétie nouvelle; je suis aujourd'hui moins que jamais dans le cas de l'apprécier.

— Tu me vois dans la position de cet illustre Ecossais.

— Quelle position ?

— C'est à dire que la rue de Braque, après avoir renouvelé les splendeurs de la rue Quincampoix, va prochainement en renouveler les désastres.

— En un mot...

— En un mot, je suis sur le point de déposer mon bilan.

René regarda le comte de Plougastel, qui examina ses ongles, par un geste familier aux gens de théâtre.

— Ah! ah! murmura froidement René de Verdières.

—Oui, mon garçon.

— La différence entre votre passif et votre actif est-elle considérable?

— Elle s'élève à deux cent mille francs

— C'est un chiffre élevé.

— Trop élevé, hélas! soupira le comte de Plougastel.

— Mais au moins vos livres sont en

règle et vous pouvez les représenter sans crainte?

— Oh! certainement.

— Est-ce tout ce que vous aviez à me dire? demanda René.

— Tu ne trouves pas que cela soit assez? répliqua le comte, qu'un tel flegme commençait à inquiéter.

— Si fait! si fait!

—Cependant, ton peu d'émotion en présence d'une semblable catastrophe...

— Je vous plains, mon oncle, je vous plains de tout mon cœur...

— A la bonne heure, René! il m'eût été pénible d'avoir à douter de tes sentimens, quand notre honneur commercial est ainsi engagé.

René de Verdières retourna la tête :

— Comment dites-vous ?

— Je dis : notre honneur commercial !

— Mais je ne suis pas un commerçant, moi.

— C'est juste.

— Je ne suis pas votre associé.

— On ne sait pas... on ne sait pas... fit le comte de Plougastel.

— Que voulez-vous dire? prononça René en faisant un effort d'attention.

—C'est ici que le bât me blesse, répondit le comte de Plougastel; dans ma fougue d'amitié, et certain des bénifices immenses que devait rapporter le *parfums des Almés*, je t'ai intéressé à ton insu, dans mon entreprise.

—A mon insu?

— Peux-tu raisonnablement m'en vouloir? Pendant que tu courais le monde, en oisif, moi, je cherchais à t'amasser des capitaux. Sais-tu bien que tu as passé à côté de cinq cent mille francs de gain?

— Autant que cela?

— Nous avons manqué, à nous deux, de faire un millionnaire entier. Qu'il m'eût été doux, à ton retour, de jouir de ta surprise et de ta joie!

La figure de René continuait à demeurer parfaitement indifférente.

— Par malheur, reprit le comte de Plougastel les vents ont tourné, le *Sardanapale* a péri dans les flots, et au lieu d'avoir à encaisser un million, c'est un déficit de deux cent mille francs que nous devons songer à combler.

René le regarda tranquillement.

— Pourquoi dites-vous toujours *nous*, quand vous me parlez de vos affaires?

Le comte demeura bouche béante; mais se remettant:

— Puisque je t'ai intéressé dans ma maison! répliqua-t-il.

— Est-ce que les associés malgré eux sont reconnus par la loi? dit froidement René de Verdières.

— Ah ça ! tu ne comprends donc pas que j'ai tiré des lettres de change sur toi ! s'écria le comte effaré.

— J'en suis sincèrement fâché, mon oncle.

— Cela veut dire?...

— Cela veut dire que, de la même

façon que j'ai passé à côté de cinq cent mille francs de bénéfice, je passerai à côté de deux cent mille francs de perte.

Le comte de Plougastel fut sublime de dignité.

Il se leva.

— N'en parlons plus, dit-il.

Il passa la main sur son front en étouffant un soupir, alla à une fenêtre, regarda vaguement dans la rue.

Mais, s'apercevant que René demeurait insensible à ce manége, il revint devant lui.

— Un mot encore, dit-il d'une voix altérée, un seul mot; ce sera le dernier. Après, tu feras ce que bon te semblera. Le ciel sera juge entre nous.

— Parlez, mon oncle.

— Il est une chose que mon front n'a jamais su porter : c'est la honte. Que demain je dépose mon bilan, et après-demain j'aurai cessé de vivre.

— Bien, mon oncle. L'exagération dans l'honneur est toujours respectable. Je puis déplorer, mais non blâmer votre énergique détermination.

Un peu étonné par ce *bien, mon oncle!* le comte de Plougastel ajouta :

— Aussi n'est-ce pas pour moi que je chercherai à t'attendrir. J'ai affronté la mort sur plus de vingt champs de bataille. Mais Colomba...

— Ma tante?

— Que deviendra-t-elle après moi?

— Si la fatalité veut qu'elle soit veuve, dit René d'un ton grave, n'ayez aucune inquiétude de son sort.

— Merci, mon neveu, dit le comte avec une grimace, merci !

— Est-il quelque autre disposition dont vous veuillez me charger? ajouta René.

Non.

—Quelque commission dernière?

— Tu es trop bon.

—Dans ce cas, permettez-moi de me retirer.

—Attends !...

— Quoi encore ? dit René.

— Au moment de me séparer de toi pour toujours, il me vient un scrupule.

— Lequel ?

— Je te laisse, par ma faute, dans une situation déplorable. Comment t'arrangeras-tu avec mes créanciers ?

— Vos créanciers ne sont pas les miens répondit René de Verdières.

—Non, mais ils voudront le devenir, et ils le deviendront, répliqua le comte de Plougastel.

— Par quel moyen.

— En faisant établir une enquête sur ta fortune et son origine. Ils savent notre parenté. Ils prétendront, sans respect pour ma mémoire, que je t'ai enrichi des sommes détournées de mon actif.

— Le croyez-vous ?

— Parbleu ! ces gens-là ne reculent devant aucune atrocité.

— Pourtant si, comme vous l'affirmez votre comptabilité est en règle ?

— Bah ! bah ! bah !

CHAPITRE SIXIÈME.

VI.

Le naufrage du Sardanapale (*Suite*).

Une teinte sombre se répandit sur la figure de René.

— Il faudra leur répondre et te justifier

dit le comte de Plougastel en insistant sur cette corde qui avait vibré.

— C'est une expiation de plus; je l'accepte dit sourdement René.

— Une expiation, très bien; mais que leur répondras-tu?

— La vérité.

— Quelle vérité?

René de Verdières sourit avec calme.

— Ah ça! qu'est-ce que tu me chantes? s'écria le comte de Plougastel; ma parole d'honneur, tu me mets hors de moi avec ta placidité! As-tu perdu la tête, ou est-ce moi qui deviens fou? Comment! tu es un homme d'intelligence, tu te prétends même avocat, et lorsque je t'interroge sur ce que tu répondras à mes créanciers lorsqu'ils te demanderont le secret de ta fortune, tu me dis: La vérité!

—Oui, mon oncle.

— Ah ! bien ! elle est sévère, celle-là ! dit le comte stupéfait.

— Pourquoi donc ?

— Sac à papier ! est-ce que la vérité a jamais été une réponse ! Mais voyons, va, explique-moi ton plan, dévoile-moi tes projets ; cela doit être curieux

— Mes projets sont bien simples, reprit René ; cette fortune, dirai-je, qui fait tant de jaloux et sur laquelle se sont égaréstant de soupçons, cette fortune n'existe pas.

—Pas mal.

—Ou plutôt elle n'existe pas pour moi: je n'en suis que le dépositaire.

— A la bonne heure, dit le comte approuvant légèrement de la tête, comme un amateur dans sa stalle; mais c'est faible et plein de dangers. On voudra en arriver aux preuves. On objectera qu'il est impossible que tu aies mis ton argent absolument et entièrement à l'écart; d'un autre côté, tu as dû réfléchir au péril d'une cession fictive. Tout cela manque d'assiettes, tu le vois. Ta situation reste la même devant mes créanciers.

— Vous avez raison, dit René de Verdières; c'est pourquoi je vais me hâter d'opérer cette restitution.

Les yeux du comte de Plougastel s'ouvrirent et demeurèrent fixes.

Il sourit comme un sourd qui se doute

de quelque plaisanterie; et ses lèvres seules répétèrent:

— Une restitution ?

— J'ai eu le bonheur inespéré de retrouver l'homme dont un hasard funeste m'avait livré l'héritage.

— René... balbutia le comte.

— Qu'avez-vous? dit René, frappé de ce bouleversement subit.

— Tu te joues de moi, je m'en aperçois bien; tu es le plus fort, mais cesse.. cesse ce jeu barbare... je t'en prie.

— Quel jeu croyez-vous voir dans mes paroles?

— Tu parles sérieusement? demanda le comte de Plougastel.

— Très sérieusement.

— Ton intention est d'abandonner cette fortune?...

Non pas de l'abandonner, mais de la rendre à son propriétaire légitime.

Allons donc! !

Ne serez-vous pas satisfait de me voir redevenu honnête homme

J'aime mieux te voir rester ce que tu es! dit le comte.

Mon oncle... murmura René, offensé

— Eh ! morbleu ! faut-il mettre tant de manchettes à mes phrases ! Tu es riche, reste riche. Tes remords retardent de deux ans. Tu auras été la dupe de quelque intrigant, qui t'aura fait une histoire.

— Non. Le duc...

— Ah ! c'est un duc ? Je l'aurais parié. Et tu donnes encore dans ces panneaux, à ton âge ? Povero ! veux-tu que je te dise d'où sort ton chevalier de Saint-Louis ? de chez Babin, et pas ailleurs. Que ne t'adressais-tu à moi ? je t'aurais improvisé des armées de Condé tout entières !

— Assez ! murmura René; de telles plaisanteries sont hors de saison.

— Des plaisanteries ! s'écria le comte de Plougastel, exaspéré; des plaisanteries mais il n'y a que toi de plaisant ici, et de si plaisant que je vais de ce pas m'empresser de te faire interdire !

— Croyez-moi, mon oncle, dit René avec force; n'appelons pas la justice dans cette maison: elle n'en sortirait qu'en emportant notre honneur!

Le comte soufflait comme un taureau; il s'apaisa.

— Au fait, tu as peut-être raison, répondit-il; c'est moi qui dois seul m'ériger en grand justicier de notre famille. Pene, encore une fois, au nom de ce même honneur que tu invoques, veux-tu sauver ton oncle de la faillite?

— Depuis une heure, ma fortune ne m'appartient plus.

— Songe aux conséquences de ton refus, René!

— J'ai songé à tout.

— Alors, frappons le dernier coup! murmura le comte d'un air tragique; c'est toi qui l'as voulu.

Il alla vers la porte, s'assura qu'il n'y avait personne aux écoutes, et se penchant à l'oreille de René:

— La mort du maçon Bertholet n'a pas eu que deux témoins: elle en a eu trois!

René de Verdières se retourna vivement et regarda son oncle.

Puis, il éclata de rire.

— Mettons qu'elle en ait eu six, répliqua-t-il, ou douze; raison de plus pour que ses mânes me conseillent l'honnêteté

— C'est comme cela que tu le prends!

— Cessez, mon oncle.

— Quand je te dis que j'ai tout vu et que je sais tout!

— Alors, vous devez mieux que personne approuver ma résolution.

— Mais, malheureux !...

— Mon oncle, ne devenez pas odieux.

Mais le comte de Mougastel ne se possédait plus.

— Odieux tant que tu voudras Tu me parles de restituer à je ne sais qui une certaine quantité de métaux précieux trouvés chez moi (c'était chez moi tu ne le nieras pas). Si tu as la frénésie de restituer, restitue entre mes mains! D'ailleurs, comment n'as-tu jamais soupçonné une vérité, qui aurait dû te sauter aux yeux comme une chatte en colère, et que tu me forces à le révéler aujourd'hui, quoi qu'il en coûte à ma délicatesse? Ce trésor était à moi.

René haussa les épaules.

— Je donnerai tous les renseignemens, reprit le comte; je prouverai que j'ai habité la rue du Musée

— Mon oncle, il est nécessaire que je sorte; permettez-moi...

Le comte de Plougastel lui barra vivement le passage.

— Tu vas consommer notre ruine, avoue-le.

— Demain, je vous répondrai.

— Eh bien! transigeons là. Reconnais que j'ai sur le trésor dont il s'agit des droits au moins égaux à ceux de ton duc Apaise tes remords en partageant la som-

me entre lui et moi. Ah c'est un biais.
De la sorte, je pourrai payer ce déficit,
qui trouble mes jours et mes nuits... mes
nuits surtout !

—Oh ! c'en est trop ! s'écria René.

—Tu ne crois peut-être pas à l'existence de ce déficit?

— Mais, si ! si !

—Non, tu n'y crois pas... Je vais te présenter mon grand livre.

— C'est inutile.

Le comte ne l'écoutait pas; il avait sonné et donné cet ordre.

—Dites à Fatmé d'apporter mon grand-livre dans cette salle.

Et, s'adressant à René de Verdières:

— Tu vas être convaincu!

— Une dernière fois, mon oncle...

— En face de l'évidence, tu parleras autrement.

— Ne l'espérez pas.

— Voici Fatmé !

La jeune fille, que nous avons entendue plutôt qu'entrevue, se montra sur le seuil de la bibliothèque.

Mais à peine eut-elle aperçu René

qu'une pâleur mortelle se répandit sur ses joues...

Le comte de Plougastel n'eut que le temps de ce précipiter pour la recevoir dans ses bras, où elle perdit tout à fait connaissance.

René de Verdières avait poussé un cri d'étonnement.

— Qu'y a-t-il donc ? demanda le comte en déposant son fardeau dans un fauteuil

— Elle était ici, elle, et vous ne me l'appreniez pas!

— Qui, elle?

— Claire.

— Bah! s'écria le comte de Plougastel

Mais, se ravisant aussitôt, il dit en souriant :

— Je te ménageais cette surprise... J'espère que cela vaut bien deux cent mille francs!

CHAPITRE SEPTIÈME.

VII

Un événement aussi terrible qu'imprévu devait clore ce drame, où se retrouve empreint à chaque page le doigt de la fatalité plutôt que celui de Dieu.

Mais qui nous dit que la fatalité n'est pas une des mille manifestations de la divinité?

Le soir de ce même jour qui avait vu se débattre tant de passions et tant d'intérêts, Mme de Verdières ne rentra pas à l'hôtel de la rue de Braque. Ce ne fut que le lendemain que René put avoir de ses nouvelles ; et quelles nouvelles!

Ceux qui, par état ou par études, ont la mémoire des annales judiciaires se souviennent encore de la sensation de stupeur qui accueillit le récit d'un crime commis, il y a cinq ans, dans les conditions les plus extraordinaires et les plus mystérieuses. Une femme qui portait, par alliance, un des meilleurs noms de la noblesse, s'était rendue nuitamment auprès d'un vieillard, d'un médecin, ami de sa famille et de son enfance. Etait-ce dans un accès inexplicable de délire ou à la suite d'un débat dont rien ne peut indiquer la nature, que cette malheureuse avait frappé le docteur Anselme de plusieurs coups de poignard? C'est ce que l'instruction ne put révéler; car, le lendemain du jour où elle fut mise au secret, Mme de V. (les journaux ne livrèrent que les initiales) se fit justice elle-même en s'empoisonnant.

Dès son début, cette affaire,— on appelle cela une affaire, — se trouva donc naturellement étouffée. Toutes les informations de la justice demeurèrent inutiles. Mme de V. n'avait pas de complices.

Une heure avant de mourir, elle avait écrit à son mari la lettre suivante, qui, après avoir passé par les mains du parquet, fut remise à René de Verdières. Lui seul pouvait en comprendre le sens.

Voici ce que disait cette lettre, écrite en caractères assurés et sans trace de larmes :

« Vous par qui je vivais, — pardonnez moi d'avoir ensanglanté votre nom. La haine m'a rendue folle. J'ai frappé un homme qui venait de se révéler à moi comme l'ennemi de mon bonheur. Je me condamne et je me punis; mais j'emporte en mourant l'espérance que vous ne maudirez pas toujours ma mémoire. Ma mort vous laisse libre, et, dans un avenir certain, une autre union vous rendra la félicité que vous aviez rêvée, et à la quelle je n'aurai été qu'un passager obstacle. Je ne demande rien de plus. Adieu !

»Celle qui n'ose signer ni du nom de son père ni du nom de son époux,

»HORTENSE.

Quand René eût fini cette lecture, sa

tête s'abaissa lentement sur sa poitrine: deux larmes coulèrent le long de ses joues, et il murmura:

— Comme elle m'aimait!

LES DIAMANTS DE LA COURONNE.

CHAPITRE PREMIER.

I.

Les Diamants de la couronne.

Les massacreurs de septembre, en exerçant leur fureur dans les prisons de Paris, avaient épargné toute la tourbe entraînée par la misère ou par la perversité. Les nobles et les prêtres ayant eu le terrible privilége d'assouvir la soif sanguinaire de ces bourreaux, on avait laissé passer entre les réseaux de l'accusation politique un grand nombre de détenus ordinaires, considérés par les patriotes comme du menu fretin. D'aucuns ont prétendu qu'ils avaient leurs raisons pour en agir de la sorte, car les aristocrates seuls possédaient, sous le satin de leurs doublures, des louis ou des montres.

N'ayant plus le pain de la prison, et jouissant d'une liberté complète, tant la police était occupée alors à déjouer exclusivement les attentats contre-révolutionnaires, ces fils adoptifs de la potence cherchaient quelque grande occasion de signaler leur adresse et d'asseoir leur fortune. Sous le calme des verroux, plusieurs hommes d'un vrai mérite en ce genre s'étaient rencontrés et liés d'amitié. Rendus à des loisirs dangereux, ils discutèrent ensemble l'oportunité de diverses tentatives; ce groupe de malfaiteurs, protégé par le désordre politique, comptait parmi ses fortes têtes deux meneurs inventifs et résolus : l'un, Joseph Douligny, originaire de Brescia (Italie), âgé de vingt-trois ans; l'autre, Jean-Jacques Chambon, né à Saint-Germain-en-Laye, âgé de vingt-six ans et ancien valet de la maison Rohan-Rochefort.

Un jour, ces deux amis bien dignes l'un de l'autre entendirent, dans un café du faubourg Saint-Honoré, une conversation qui leur fit naître la pensée d'un vol gigantesque.

— Je vous le répète, moi, disait un petit vieillard à deux habitués qui méditaient avec lui chaque ligne d'une gazette; ce ministre Roland est un pauvre homme, qui cache sous des dehors d'austérité un cœur accessible aux plus sottes faiblesses; il tolère dans sa maison de véritables scandales, et sous prétexte qu'il aime sa femme, il se croit forcé de protéger les gens dont elle s'entoure. Il n'y a pas un poste qui ne soit occupé par un des favoris de la citoyenne Roland; jusqu'à cette place de conservateur du Garde-Meuble qui vient d'être donnée à l'un de ces mendiants!

— Oh! oh! quelle colère! répondit

l'un des causeurs en souriant; on voit bien que tu avais songé à demander pour toi-même cette petite position.

— Pour moi! reprit le vieillard mécontent; je n'ai jamais demandé aucune faveur, c'est pour cela que je suis indigné contre le conservateur du Garde-Meuble, un homme qui monte à cheval et qui apprend à danser! qui n'est jamais, ni jour ni nuit, occupé des devoirs de sa charge.

Les trésors qui lui sont confiés peuvent

devenir la proie de quelque filou entreprenant ; on n'aurait qu'à escalader une fenêtre, et tout serait dit.

— Tout beau ! mais les surveillants ?

— Ils imitent leur chef, et vont s'enivrer aux barrières...

Chambon et Douligny avaient écouté ; et simultanément la même cause avait produit chez eux le même effet; ils échangèrent un regard furtif, et ce regard contenait à lui seul tout un projet d'une audace extrême. Ils se levèrent tranquilles comme des bourgeois qui vont porter le reste de leur sucre à leurs enfants; mais à peine furent-ils dans la rue, qu'ils se frottèrent le nez. Les diplomates habiles entendent avant qu'on leur ait parlé, il en est de même des voleurs émérites : ils se dirigèrent immédiatement vers la place de la Révolution, afin de reconnaître le monument contre lequel ils méditaient une attaque.

Particulièrement réservé aux richesses

inhérentes à la couronne de France, telles que joyaux du vieux temps, cadeaux des nations étrangères, présents des seigneurs du royaume, le Garde-Meuble contenait des objets d'une valeur inappréciable; on les avait rangés dans trois salles et symétriquement enfermés dans des armoires; le public était admis à les visiter tous les mardis. On y voyait les armures des anciens rois et paladins, notamment celles de Henri II, de Henri IV, de Louis XIII, de Louis XIV, de Philippe de Valois, de Casimir de Pologne; et la plus admirable par le fini du travail, celle que François Ier portait à la bataille de Pavie.

A côté de ces souvenirs presque vivants de l'ancienne splendeur royale, on remarquait, sombre et menaçant, l'espadon que le pape Paul V portait lorsqu'il fit la guerre aux Vénitiens ; cette arme, longue de cinq pieds, se montrait, orgueilleuse, à côté de deux bonnes petites épées du grand Henri. Ainsi la fragile et grosse branche de sureau dépasse par la taille et le poids les solides pousses d'aubépine. Deux canons damasquinés en argent, montés sur leur affût, représentaient la vanité du roi de Siam. — Dépôt plus précieux encore, les diamants de la couronne, contenus dans différentes caisses, étaient placés dans les armoires du

Garde-Meuble. *Le Régent*, *le Sanci* et *le Hochet du Dauphin*, formaient les trois astres principaux de ce groupe d'étoiles.

Des tapisseries, des chefs-d'œuvre d'art en or et en argent disposés dans les salles représentaient également une valeur de plusieurs millions.

Douligny et Chambon n'ignoraient pas ces détails : aussi furent-ils pris de fièvre en voyant qu'un tel vol n'était pas impossible. Les poteaux des lanternes s'élevaient assez près du mur et assez haut pour faciliter l'escalade par l'une des fenêtres ; il n'y avait pas le moindre corps-de-garde duquel on eût à se méfier ; seulement cette équipée nécessitait le concours de quelques amis. Le premier auquel ils firent part de leur audacieux projet fut un nommé Claude-Melchior Cottet, dit le *Petit-Chasseur*, qui les exhorta à réunir l'élite de la bande, c'est-à-dire neuf de leurs camarades connus pour leur adresse et leur courage.

D'après l'interrogatoire de cet homme

et d'après la déposition de plusieurs témoins au procès, il paraît démontré que le premier assaut tenté contre le Garde-Meuble, dans la nuit du 15 au 16 septembre, ne rapporta aux douze associés qu'une parfaite connaissance des lieux.

Ils ne purent, vu leur petit nombre et le manque absolu de pinces et de lanternes, pénétrer par la voie qui leur avait semblé praticable; à peine leur fut-il permis de s'introduire dans un pauvre petit cabinet où ils dérobèrent des pierreries de faible valeur. La partie fut remise à la nuit suivante; mais cette fois Douligny et Chambon décidèrent qu'il fallait convoquer le ban et l'arrière-ban de leurs troupes. Afin de procéder par des ruses de haute école, quelques fausses patrouilles de gardes nationaux circulant autour du Garde-Meuble pendant que les assaillants se glisseraient vers le trésor, ne leur parurent pas d'une invention trop mesquine.

Il fut en outre convenu entre les douze coquins qu'on s'adjoindrait vingt-cinq à trente filous du second ordre, auxquels on promettrait une part du butin; mais afin de [n'être pas trahis, on convint de ne les instruire que lorsqu'on serait sur le terrain. On leur ordonna de s'habiller en gardes nationaux et de se pourvoir de fusils ou de sabres. Le rendez-vous était à l'entrée des Champs-Elysées; l'heure était celle de minuit; chacun fut exact.

CHAPITRE DEUXIÈME.

II.

Chambon et Douligny arrivèrent sur la place, formèrent de ceux qui étaient revêtus de l'uniforme une patrouille, chargée de rôder le long des colonnades pour donner à croire aux passants que la police se faisait exactement. Ils placèrent ensuite à toutes les issues des surveillants qui devaient donner l'alarme au moindre danger. Comme les deux chefs traversaient la place après avoir pris toutes leurs dispositions, ils trouvèrent, près du piédestal sur lequel avait été la statue de Louis XV, un jeune homme de douze à quatorze ans, qui leur inspira de l'inquiétude. Ils l'abordèrent, l'interrogèrent, et le firent consentir à rester en sentinelle à cet endroit et à pousser des cris, pour attirer vers lui les personnes qui lui paraîtraient suspects. On lui promit une récompense, sans le mettre au fait de l'expédition.

Après toutes ces précautions, Chambon grimpe le long des colonnades en s'aidant de la corde du réverbère ; Douligny le suit, ainsi que plusieurs autres.

Avec un diamant, on coupe un carreau que l'on enlève et qui donne la facilité d'ouvrir la croisée par laquelle les voleurs s'introduisent dans les appartements du Garde-Meuble. Une lanterne sourde sert à les guider vers les armoires, que l'on ouvre avec les fausses clefs et les rossignols. On s'empare des boîtes, des coffres, on se les passe de main en main; ceux qui sont au pied de la colonnade reçoivent de ceux qui sont en haut.

Tout à coup, le signal d'alerte se fait entendre. Les voleurs qui sont sur la place s'enfuient; ceux qui sont en haut se laissent glisser le long de la corde du réverbère. Douligny manque la corde, tombe lourdement sur le pavé et y reste étendu. Une véritable patrouille, qui avait aperçu la lumière que la lanterne sourde répandait dans les appartements, avait conçu des soupçons. En s'approchant, elle entend tomber quelque chose, elle court, trouve Douligny, le relève et s'assure de lui. Le commandant de la patrouille, après avoir laissé la moitié de son monde en dehors, frappe à la porte du Garde-Meuble, se fait ouvrir, et monte aux appartements avec ce qu'il a de soldats. Chambon est saisi au moment où il va s'esquiver ; on le joint à son compagnon et l'on envoie chercher le commissaire.

L'officier public interroge les voleurs,

qui, se trouvant pris en flagrant délit et les poches pleines, avouent avec franchise, mais ne dénoncent aucun de leurs compagnons. Au même instant, on ramasse sous la colonnade le beau vase d'or appelé *Présent de la ville de Paris.*

La fausse patrouille, à laquelle la véritable cria : *Qui vive ?* n'ayant pas le mot d'ordre, crut prudent d'y répondre par la fuite. Elle se dispersa dans les Champs-Élysées et dans les rues qui y aboutissent. Du nombre de voleurs qui avaient reçu des boîtes de diamants, deux se retirèrent dans l'allée des Veuves, firent une excavation au fond d'un fossé, y enfouirent leur larcin, le recouvrirent de terre et de feuilles, et se retirèrent tranquillement chez eux.

Plusieurs autres allèrent déposer leur part chez des recéleurs. Le plus grand nombre se réunit sous le pont Louis XVI, et, après avoir posé un des leurs en sentinelle au dessus du pont, ils s'assirent en rond. Le plus important de la bande fit déposer au centre les coffres volés ; il en ouvrit un, y prit un diamant qu'il donna à son voisin de droite, en prit un autre pour le suivant, et ainsi de suite.

Il avait soin d'en mettre d'abord un dans sa poche pour lui, et, après avoir fait le tour du cercle, d'en déposer un autre pour le camarade qui était en sentinelle.

Lorsqu'un coffre était vidé, on passait à un autre. Il était en train de faire la distribution du dernier, lorsque la sentinelle donna le signal de sauve qui peut.

Le distributeur jeta dans la Seine le reste des diamants à distribuer, et chacun s'échappa. Plusieurs répandirent en fuyant, des brillants qui furent trouvés et ramassés le lendemain par des particuliers.

Averti des graves événements de la nuit, et comprenant quelles insinuations perfides ses ennemis en tireraient contre lui, le ministre Roland se rendit à l'Assemblée vers dix heures du matin et demanda la parole pour une communication urgente. — « Il a été commis, dit-il, cette nuit, un grand attentat.

Ce n'est pas d'aujourd'hui qu'on s'en occupe. On a volé au Garde-Meuble les diamants et d'autres effets précieux.

Deux personnes ont été arrêtées; leurs réponses dénotent des gens qui ont reçu de l'éducation et qui tenaient à ce qu'on appelait autrefois des personnes au-dessus du commun. J'ai donné des ordres relativement à ce vol. »

Les députés frémirent d'indignation ; la Montagne fit entendre les grondements de sa colère. Le ministre, en montrant derrière les brouillards de Coblentz l'armée royaliste attendant les trésors du Garde-Meuble pour s'habiller et se nourrir, évitait parfaitement qu'on songeât au défaut de précautions qui devait retomber sur lui. Quatre députés, Merlin, Thuriot, Laporte et Lupleigne, furent nommés pour être présents à l'information.

La nouvelle de cet attendat remua tous les quartiers de Paris : le rappel fut battu ; le ministre de l'intérieur, le maire et le commandant général se réunirent et prirent des mesures pour garder les barrières ; jamais on n'avait fait tant d'honneurs à de simples bandits ; il est vrai que jamais on n'avait vu un vol si considérable. Certaines rues étaient littéralement semées de pierreries, de saphirs, d'émeraudes, de topazes, de perles fines. Quelques citoyens honnêtes rapportèrent leurs précieuses trouvailles ; mais d'autres patriotes fougueux, qui avaient horreur de tout ce qui provenait de l'ancien tyran, enfouirent leur épave dans leur paillasse ou au fond de leur commode, afin que leurs yeux ne fussent pas souillés par la vue d'un métal impur.

CHAPITRE TROISIÈME.

III.

Un pauvre homme, passant dans le faubourg St-Martin pour se rendre à son travail, trouva un de ces diamants et se hâta d'aller le restituer aux employés du Garde-Meuble. Trois jeunes enfants furent admis à la barre de l'Assemblée pour y déposer des bijoux que le hasard avait pareillement mis entre leurs mains. L'Assemblée ordonna que leurs noms seraient inscrits au procès-verbal. Des cassettes furent encore retrouvées au Gros-Caillou, rue Nationale et rue Florentin. Mais de ces différents traits de probité le plus éclatant est évidemment celui-ci : un commissaire monte chez la maîtresse d'un des voleurs; sur sa cheminée se trouvait un gobelet rempli d'eau-forte, dans lequel elle avait mis un objet volé, afin d'en séparer l'alliage. Informée de l'arrivée du commissaire, n'ayant plus le temps de cacher le gobelet, elle le lance par la fenêtre. Une vieille mendiante passe quelques minutes après; ses yeux collés sur le pavé rencontrent de petites étoiles qui brillent dans la boue ; elle ramasse par curiosité ces étincelles inexplicables pour elle, et, à quelques centaines de pas, elle entre chez un orfèvre. qui lui apprend que ce sont des diamants. Aussitôt elle se rend au comité de sa section, dépose sa trouvaille, demande un reçu et va mendier son pain.

Joseph Douligny et Chambon, pris en

flagrant délit, et surabondamment nantis de pièces de conviction, n'essayèrent pas, comme nous l'avons dit, de nier leur culpabilité. Les premiers interrogatoires que leur firent subir les juges sous l'inspiration des immenses conjectures du ministre Roland, durent singulièrement flatter ces coquins (un d'eux, Douligny, était marqué de la lettre V, voleur); pendant quelques jours, ils espérèrent pouvoir se dirent martyrs d'une opinion et victimes de leur courage. Il y a lieu de croire qu'ils eussent immédiatement nommé leurs complices, s'ils n'avaient tenu à prolonger l'erreur de la justice. Le jugement rendu contre eux prouve jusqu'à quel point on avait admis les idées de connivence avec les royalistes. Nous citons textuellement cet arrêt, qui fut rendu le 23 septembre, après une audience continue de quarante-cinq heures :

« Vu la déclaration du jury de jugement portant :

1° qu'il a existé un complot formé par les ennemis de la patrie, tendant à enlever de vive force, et à main armée, les bijoux, diamants et autres objets de prix déposés au Garde-Meuble, pour les faire servir à l'entretien et au secours des ennemis intérieurs et extérieurs conjurés contre elle ; 2° que ce complot a été exécuté dans les journées et nuits des 15, 16 et 17 septembre présent mois, et particulièrement dans la nuit du dimanche 16 au lundi 17, par des hommes armés qui ont escaladé le balcon du rez-de-chaussée et premier étage du Garde-Meuble, en ont forcé les croisées, enfoncé les portes des appartements, et fracturé les portes les armoires, d'où ils ont enlevé et emporté tous les diamants, pierres fines et bijoux de prix qui y étaient déposés, tandis qu'une troupe de trente à quarante hommes, armés de sabres-poignards et pistolets, faisaient de fausses patrouilles autour dudit Garde-

Meuble, pour protéger et faciliter lesdits vols et enlèvements, lesquels ne se sont dispersés, ainsi que ceux introduits dans l'intérieur, que lorsqu'ils ont aperçu une force publique considérable et que deux d'entre eux étaient arrêtés; 3° que les nommés Joseph Douligny et J.-J. Chambon sont convaincus d'avoir été auteurs, fauteurs, complices, adhérents desdits complots et vols à main armée, et notamment d'avoir, dans la nuit du 16 au 17 de ce mois, sous la protection desdites fausses patrouilles, escaladé le balcon dudit Garde-Meuble, d'en avoir brisé et fracturé les croisées, portes et armoires, à l'aide de limes, marteaux, vilebrequins et autres outils, de s'être introduits dans les appartements et d'y avoir pris une grande quantité de bijoux d'or, de diamants et pierres précieuses dont ils ont été trouvés nantis au moment de l'arrestation ; 4° et enfin que, méchamment et à dessein de nuire à la nation, lesdits J. Douligny et J. Chambon se sont rendus coupables de tous lesdits délits; le Tribunal, après avoir entendu le commissaire national, condamne lesdits Douligny et Chambon à la peine de mort. »

Sous le coup de cette sentence, leur

caractère se produisit à nu : troublés, pâles, ils déclarèrent qu'ils feraient des révélations complètes, si on voulait leur accorder la vie sauve pour récompense.

Le Tribunal ne sut comment répondre à cette proposition; le président leur dit que la Convention seule pouvait statuer sur leur demande.

Pendant ce temps la police, aux aguets, était parvenue à retrouver, très-incomplètes encore, quelques traces des coupables qu'elle cherchait. Un citoyen du nom de Duplain avait déposé au comité de sa section que, le 16 septembre au soir, dans un café de la rue de Rohan, il avait entendu deux hommes se quereller au sujet d'un vol de diamants : l'un reprochait à l'autre sa pusillanimité qui les avait privés d'une capture importante ; il se consolait néanmoins, espérant, la nuit suivante, réitérer leur prouesse de manière à n'avoir plus rien à désirer. A cette déclaration, le citoyen Duplain ajouta le signalement de l'un des deux hommes, celui qu'il avait pu le mieux voir. On mit des agents en ambuscade dans la rue de Rohan, et, le quatrième jour, on y arrêta un personnage dont l'extérieur et la physionomie se rapportaient au signalement donné.

Amené au comité de surveillance, cet homme déclara se nommer Badarel et être natif de Turin. Il nia les propos qu'on lui imputait, se récriant sur des doutes aussi injurieux; mais ayant été fouillé, il fut trouvé détenteur de plusieurs pierres. Alors il avoua que, le 15 septembre, deux individus, qu'il ne connaissait pas, l'avaient engagé à se rendre la nuit avec eux sur la place

Louis XV, lui disant qu'il y allait de sa fortune; ils exigèrent seulement qu'il fît le guet pendant un quart d'heure. Ces messieurs étaient si honnêtes, qu'il avait cru servir des amoureux et non des voleurs. Ils étaient bientôt revenus auprès de lui, et l'avaient accompagné jusque dans sa chambre, rue de la Mortellerie, près de l'hôtel de Sens. Là, que s'était-il passé tandis qu'il était allé chercher des rafraîchissements, il l'ignorait; mais le lendemain, quand il fut seul chez lui, il aperçut des diamants sur la cheminée, et il fut porté à croire qu'il avait été pendant quelques heures le compagnon de deux nababs déguisés.

Cette histoire, richement brodée, comme on voit, n'abusa pas un instant les juges instructeurs. Ils mirent Badarel en présence de Douligny et de Chambon.

CHAPITRE QUATRIÈME.

IV.

Ceux-ci, désireux d'appuyer leur demande en grâce sur des faits, ne firent aucune difficulté de reconnaître Badarel.

— Mon pauvre vieux, dit Douligny, devant le président du Tribunal criminel il n'y a plus à vouloir rester blanc comme un agneau ; nous sommes pris, nous n'avons d'espoir qu'en la clémence des magistrats, et cette clémence est subordonnée à nos aveux, à notre sincérité. Tu es dans un très-mauvais cas.

Veux-tu obtenir ta grâce d'avance ? tu n'as qu'à te rendre avec le citoyen président sous cet arbre des Champs-Élysées au pied duquel tu as enfoui cette grande cassette ; dès que tu l'auras restituée, tu seras sûr, de ne plus avoir affaire à des juges, mais à de vrais amis.

Badarel essaya bien d'envoyer Douligny à tous les diables et de prouver qu'il ne le connaissait pas, mais sa résistance ne put être de longue durée. Douligny l'exhorta si bien, lui fit de telles promesses, qu'enfin ce malheureux consentit à se rendre aux Champs-Élysées avec le président.

Ce transport de justice eut des résultats considérables : les fouilles opérées d'après les indications de Badarel firent découvrir 1,200,000 francs de diamants.

La procédure recommença avec plus d'acharnement. Les dépositions de Douligny et de Cambon furent jugées si utiles pour éclairer les recherches et confondre les accusés, que le président du Tribunal criminel se rendit en personne à la barre de la Convention et y parla en ces termes : « Je crois de mon devoir de prévenir la Convention que, depuis vendredi 21, la première section du Tri-

bunal s'est occupée sans désemparer de
l'interrogatoire de deux voleurs du Garde-
Meuble. Pendant quarante-huit heures
ils n'ont voulu donner aucun renseigne-
ment; mais, hier, lorsque la peine de
mort a été prononcée contre eux, ils
m'ont fait dire qu'ils avaient à faire des
déclarations importantes. Ils m'ont demandé ma parole d'honneur que, pour
prix de ces aveux, leur grâce leur serait
accordée. Je n'ai pas cru devoir prendre
sur moi une pareille promesse; mais je
leur ai dit que, s'ils me disaient la vérité, je porterais leur demande auprès
de la Convention nationale. Alors le
nommé Douligny m'a révélé toute la

trame du complot. Il a été confronté avec l'un de ses co-accusés non jugé; il l'a forcé de déclarer l'endroit où étaient cachés plusieurs des effets volés. Je me suis transporté aux Champs-Élysées, dans l'allée des Veuves; là, le co-accusé m'a découvert les endroits où il y avait des objets très-précieux. N'est-il pas important de garder ces deux condamnés pour les confronter encore avec les autres complices? Mais le peuple demande leurs têtes. Que la Convention rende un décret, qu'elle le rende tout de suite. Le peuple la respecte; il se tiendra toujours dans la plus complète soumission aux ordres de l'assemblée. »

Ordonner la mort de Douligny et de Chambon, c'eût été tuer deux poules aux œufs d'or; chacune de leurs déclarations, ou plutôt de leurs dénonciations, produisait quelques nouvelles découvertes. La Convention décida qu'il fallait garder ces deux voleurs pour traquer les autres.

L'un des premiers complices dont ils révélèrent le nom fut le malheureux juif Louis Lyre; il n'avait pas aidé à commettre le vol, mais il avait acheté à vil prix une grande quantité de bijoux. Ce malheureux parlait un français mêlé d'italien qui fit beaucoup rire les juges. Ayant intégralement payé ses petites acquisitions, disait-il, il ne comprenait pas qu'on lui réclamât encore quelque chose. Après s'être égayé de son galimatias, le Tribunal le condamna à la peine de mort.

On le conduisit au supplice le 13 octobre, à dix heures. Ne concevant pas qu'une spéculation heureuse fût considérée comme un crime, il marcha à la mort avec le courage que donne la paix de la conscience. Monté dans la voiture, seul avec l'exécuteur, il criait d'une voix très-haute et très-libre : « Fife la nazion ! »

Il voulut parler au peuple. La cavalerie essaya de s'y opposer. Mais alors la canaille qui accompagnait les victimes à l'échafaud était souveraine ; elle accorda la parole au juif.

« Messious, dit-il, ze mours innozeñt, ze ne zouis point volour ; ze pardonne à la loi et à mes zouzes. »

Mais, vu qu'il se faisait tard, le bourreau le pria de se hâter.

En mesurant leurs dénonciations, et en ne les faisant que peu à peu, Douligny et Chambon espérèrent échapper à la mort, protégés qu'ils étaient maintenant par la Convention. Conformément à ces calculs, ils jetèrent, quelques jours après, une nouvelle proie à la justice.

Ce fut cette fois leur ami Claude-Melchior Cottet, dit *le Petit-Chasseur*. Arrêté et conduit à la Conciergerie, ce dernier fut convaincu d'avoir été le sergent recruteur des fausses patrouilles. Dans la nuit du 15 au 16 septembre, il s'était rendu, en costume de garde national, chez le nommé Retour, chez Gallois, dit *Matelot*, et chez Meyran; il leur avait remis des pistolets destinés à protéger l'entreprise.

On lui prouva, en outre, qu'il avait vendu pour 30,000 livres de perles fines.

Un témoin, un nommé Joseph Picard,

lequel ne tarda pas à changer son rôle de témoin contre celui d'accusé, vint déposer qu'étant encore au lit, un matin, le personnage connu sous le nom de *Petit-Chasseur* s'était rendu chez lui, afin d'acheter une paire de bottes. Le marché conclu avec la femme Picard, l'acheteur l'avait engagée à aller chercher du du vin et à lui rapporter en même temps pour six sous d'eau-forte. Cette commission faite, Picard avait vu le *Petit-Chasseur* glisser quelque chose dans cette eau-forte ; mais les commissaires venant au même instant pour l'arrêter, il jeta le tout dans la rue. Alors, il fut facile de reconnaître que c'étaient des diamants.

Écrasé par les preuves et par les dépositions, Melchior Cottet fut condamné à la peine de mort. Voyant par quels moyens Douligny et Chambon avaient obtenu un sursis illimité, il imagina d'avoir recours aux mêmes ruses, et, en effet, il livra le nom de quelques complices.

CHAPITRE CINQUIÈME.

V.

Mais on reconnut bientôt qu'il n'avait qu'un but : retarder le jour de son exécution. On refusa de prêter davantage l'oreille à ses déclarations interminables. Arrivé au lieu du supplice, il gagna encore deux heures par une dernière supercherie. Il demanda à se rendre au Garde-Meuble avec un magistrat, disant qu'il y allait de la fortune de la nation. Monté dans les salles, il y resta plus d'une heure et demie à parler de complots imaginaires dont il connaissait, disait-il, tous les secrets. Mais à la fin la foule impatientée refusa d'attendre plus longtemps le spectacle qui avait été promis à sa curiosité sanguinaire. En descendant du Garde-Meuble, *le Petit-Chasseur* eut Leau crier : « — Citoyens, je ne suis pas coupable ; intercédez pour moi, intercédez pour moi ! » — nul ne fut accessible à la pitié, et la loi reçut son application.

Grâce aux renseignements fournis par Douligny et Chambon, on arrêta successivement leurs principaux complices, qui furent condamnés à la peine capitale; des femmes et même un enfant, Alexandre, dit le *Petit-Cardinal*, se virent impliqués dans cette affaire, qui prit peu à peu une telle dimension, que le député Thuriot, l'un des membres de la commission de surveillance, proposa à la Convention d'autoriser le déplacen.ent du chef du jury afin que ce dernier allât dans les endroits de la France qu'il croirait nécessaires, décernât des mandats d'amener et fît des visites domiciliaires. Cette proposition fut rejetée, parce qu'elle n'assurait pas au procès une marche assez rapide.

S'il faut en croire les révélations de Sergent, consignées dans une lettre datée de Nice-en-Piémont, du 5 juin 1834, et adressée à la *Revue rétrospective*, ce serait à lui qu'on devrait la découverte des principaux diamants de la couronne. Il raconte que pendant les débats du Tribunal criminel, alors qu'il était administrateur de la police, une mulâtresse, habituée de la tribune publique des Jacobins, vint le trouver dans son cabinet.

Que direz-vous, si je vous fais trouver les diamants? Je le puis, en amenant un homme qui a une révélation à vous faire.

Je voulais le conduire au comité des recherches de l'assemblée législative, mais il ne veut faire qu'à vous sa déposition ; car il vous a, dit-il, une grande obligation, et c'est par reconnaissance qu'il veut que ce soit à vous que la patrie doive d'être rentrée dans la possession de ces richesses. — Amenez-le très-promptement.

Une heure après, on introduisit dans un des salons du maire, où Sergent se trouvait seul, un quidam vêtu proprement en garde national; il était conduit par la mulâtresse. — Voilà celui dont je vous ai parlé, dit-elle, et elle s'éloigna.

— Monsieur l'administrateur, dit cet homme d'une voix basse, je puis vous faire reprendre tous les diamants de la couronne; mais il me faut votre parole que vous ne me perdrez pas. — Quoi! lorsque vous allez rendre un service aussi important, que devez-vous craindre? ne méritez-vous pas au contraire une récompense? — Je ne puis en avoir d'autre que celle de ma vie. Dans cette affaire, mon nom ne peut être prononcé sans risquer de la perdre. — Parlez, dit

Sergent surpris, je vous promets toute ma discrétion. — Vous ne me reconnaissez pas, monsieur? — Non, je ne vous ai pas vu, je crois, avant cet entretien.

—Ah! monsieur l'administrateur, donnez-moi votre parole de magistrat que vous ne me livrerez point! — Quel mystère! Révélez, si vous savez quelque chose de ce vol; seriez-vous complice? Je vous sauverai...

— Non, monsieur, reprit cet homme,

je suis'", le prisonnier que vous avez
visité à la Conciergerie vers la fin du
mois d'août, et que vous avez eu la
bonté de faire raser sur sa demande;
vous savez que j'étais condamné à
mort pour fabrication de faux assignats, et que j'attendais alors, quoique sans espoir, l'issue de mon pourvoi
en cassation. Les juges populaires de
septembre m'ont mis en liberté, mais le
Tribunal peut me faire reprendre. — Eh
bien! soyez tranquille, dit Sergent;
voyons, que savez-vous des diamants?

Le quidam entra dans les détails les

plus étendus. Une nuit qu'il feignait de dormir, il avait entendu auprès de lui des gens s'entretenir en argot du vol fameux. Il ignorait leurs noms, mais il avait appris que les diamants étaient cachés dans deux mortaises d'une grosse poutre de la charpente du grenier d'une maison de la rue de..... — Envoyez-y promptement, ajouta-t-il; ils ne doivent pas être encore enlevés; mais, je vous supplie, ne parlez pas de moi dans vos bureaux.

Le récit contenu dans la lettre de Sergent est plein de trouble et de confusion, surtout à l'endroit des dates; nous avons dû souvent l'élucider. A cette époque de 1834, Sergent, très-avancé en âge, ne commandait plus à sa mémoire; et d'ailleurs il n'était préoccupé, comme Barère, que du soin de sa réhabilitation.

Cependant sa version coïncide tout à fait avec le rapport de Vouland, consigné dans le *Moniteur* du 11 décembre :

« — Votre comité de sûreté générale,

dit Vouland, ne cesse de faire des recherches sur les auteurs et complices du vol du Garde-Meuble ; il a découvert hier le plus précieux des effets volés : c'est le diamant connu sous le nom de *Pitt* ou *Régent*, qui, dans le dernier inventaire de 1791, fut apprécié douze millions.

Pour le cacher, on avait pratiqué, dans une pièce de charpente d'un grenier, un trou d'un pouce et demi de diamètre. Le voleur et le receleur sont arrêtés ; le diamant, porté au Comité de sûreté générale, doit servir de pièce de conviction contre les voleurs. Je vous propose, au nom du comité, de décréter que ce diamant sera transporté à la trésorerie nationale, et que les commissaires de cet établissement seront tenus de le venir recevoir séance tenante. » Ces propositions furent décrétées. Quant à l'homme dont parle Sergent, il fut seulement présenté à Pétion, qui le fit partir pour l'armée, où, sur la recommandation du ministre de la guerre, il entra avec un grade dans un régiment de la ligne. Que devint-il? Nous l'ignorons. Seulement, plus tard, dans un compte-rendu du Tribunal en date du 26 mars 1795, ayant trait à un procès de faux assignats, on trouve parmi les accusés un nommé Durand, désigné comme étant celui aux indications duquel on doit la découverte du *Régent*. Est-ce l'homme de Sergent? On peut le supposer.

CHAPITRE SIXIÈME.

VI.

Le sort de ce *Régent* fut assez singulier : au mois d'avril 1796 on l'envoya en Prusse pour servir de cautionnement à un prêt de cinq millions. Rentré ensuite des mains des banquiers, il orna la garde de l'épée consulaire de Bonaparte.

Mais retournons à la procédure du Tribunal criminel. Le ministre de l'intérieur s'occupa, lui aussi, avec une grande énergie de ce prétendu complot; il dut bientôt s'apercevoir que l'esprit politique y était complétement étranger; car il devenait de plus en plus évident que les acteurs de ce drame nocturne étaient presque tous des malfaiteurs d'antécédents connus, et qu'ils avaient immédiatement, cherché à réaliser à leur profit leur part du vol. Le ministre recevait lui-même les citoyens qui avaient des communications à lui faire à ce sujet. Un joaillier du nom de Gervais vint lui apprendre qu'un homme d'allure suspecte lui avait offert de lui vendre une bonne partie de diamants

On comprend avec quel empressement M. Roland pria Gervais de ne pas effaroucher ce mystérieux client; une somme de 15,000 livres, prise sur les fonds secrets, fut remise au joaillier, afin qu'il alléchat par quelques avances le vendeur. Les prévisions se réalisèrent. Moyennant quelques centaines de louis, le voleur apporta pour plus de deux cent mille livres de joyaux. Le marchand se montra de plus en plus satisfait, jusqu'à l'heure où il n'eut plus rien à attendre de ce superbe filou ; alors la comédie fut terminée et notre homme mis entre les mains de la justice. Grâce à l'habileté avec laquelle M. Roland avait dirigé cette opération par l'intermédiaire de Gervais, cette seule capture valut au trésor un remboursement qu'on évalua à 500,000 livres.

Le jour que l'on vint dissoudre le Tribunal, c'est-à-dire le 29 novembre 1792, il s'occupait encore de juger un voleur du Garde Meuble. On ne permit pas d'achever l'instruction. Le président fit venir les deux principaux coupables, Chambon et Douligny; et il leur annonça que le Tribunal cessant ses fonctions, il était à craindre pour eux que le sursis qu'ils avaient obtenu ne fût plus d'aucune force.

Il leur conseilla de se pouvoir en cassation ou de s'adresser à la Convention nationale. Singulière preuve de la vérité de cet axiome : *Qui a terme ne doit rien !* Joseph Douligny et Jean-Jacques Chambon, traduits devant de nouveaux juges, en furent quittes pour quelques années de fers. Encore a-t-on prétendu que dans un des mouvements de la révolution, ces misérables trouvèrent le moyen de s'échapper des prisons.

Quelques jours avant la dissolution du Tribunal du 17 août, Thomas Payne, comparant Louis XVI à Chambon et à Douligny, s'était exprimé de la sorte au sein de la Convention : — « Il s'est formé entre les brigands couronnés de l'Europe une conspiration qui menace non-seulement la liberté française, mais encore celle de toutes les nations : tout porte à croire que Louis XVI fait partie de cette conspiration ; vous avez cet homme en votre pouvoir, et c'est jusqu'à présent le seul de sa bande dont on se soit assuré.

Je considère Louis XVI sous le même point de vue que les deux premiers voleurs arrêtés dans l'affaire du Garde-Meuble : leur procès vous a fait découvrir la troupe à laquelle ils appartenaient. » — Quelle impudence et quelle folie !

Pendant longtemps on s'obstina encore à voir dans le vol des diamants un complot politique, à en juger par la teneur d'une sentence du Tribunal révolutionnaire, prononcée le 12 prairial, an II, qui condamne à mort le sieur Duvivier, âgé de soixante ans, ancien commis au bureau de l'extraordinaire, « pour avoir aidé ou facilité le vol fait, en 1792, au Garde-Meuble, afin de fournir des secours aux ennemis coalisés de la

France (1). » Ce ne fut guère qu'en l'an V qu'on revint un peu de cette prévention.

Par décision du conseil des Anciens, prise dans la séance du 29 pluviôse, six mille livres d'indemnité furent accordées à la citoyenne Corbin première dénonciatrice des voleurs du Garde-Meuble.

Il y a tout lieu de supposer que cette

---

(1) Cette procédure s'éternisa pendant tout le cours de la Révolution. La veille du jour où l'on arrêta Babœuf, on avait condamné aux fers quatre voleurs du Garde-Meuble.

femme Corbin est la mulâtresse dont il est question dans le récit de Sergent.

« Les recherches de la commission, ajoute le *Moniteur*, ont mis à même de juger que, quoi qu'en ait dit autrefois le ministre Roland, le vol du Garde-Meuble n'était lié à aucune combinaison politique, et qu'il fut le résultat des méditations criminelles des scélérats à qui le 2 septembre rendit la liberté. » C'est ce que nous avons posé en commençant.

Quoi qu'il en soit, à cette date, l'affaire

de ce vol homérique était loin d'être terminée. Même aujourd'hui elle ne l'est pas encore. La soustraction des diamants a été évaluée à TRENTE-SIX MILLIONS. En 1814, il en fut restitué pour 5 millions ; l'histoire de cette restitution est même des plus intéressantes. Il y avait autrefois au Garde-Meuble un employé subalterne du nom de Charlot, qui était chargé de nettoyer les bijoux. Après le vol de la nuit du 16 septembre, un de ses amis, un sans-culotte, vint lui remettre une boite en le priant de la garder jusqu'à ce qu'il vint la reprendre lui-même. Peu de temps après, Charlot fut renvoyé, ainsi que toutes les personnes qui faisaient partie de l'administration du Garde-Meuble sous l'ancienne cour. Il emporta le dépôt du sans-culotte, qui ne reparut plus. Lassé de l'attendre et finissant par concevoir des soupçons, il finit un jour par forcer la serrure du petit coffre. Un flot de lumière lui sauta aux yeux, et il reconut plusieurs diamants de la couronne. L'embarras de ce pauvre diable fut aussi grand qu'on peut le concevoir ; les rapporter, n'était-ce pas s'exposer à être pris lui-même pour le voleur, ou tout au moins n'était-ce pas risquer plusieurs mois, plusieurs années de prison préventive ? Dans cette conjoncture, il ne décida rien, ou plutôt il décida qu'il attendrait les événements ; il cacha les diamants et les garda.

Charlot se retira à Abbeville sa ville natale ; ses moyens d'existence étaient si bornés, que Mme Cordonnier, sa sœur, marchande orfèvre près le marché au blé, lui donna asile, mais le déréglement de Charlot et son penchant à l'ivrognerie obligèrent sa sœur à le renvoyer. Il alla alors occuper une très petite chambre dans un grenier, où il vécut, pour ainsi dire, des secours que lui accordaient plusieurs personnes de sa connaissance.

CHAPITRE SEPTIÈME.

VII.

Parmi celles qui l'obligeaient le plus fréquemment était un M. Delattre-Dumontville, qui, quoique fort peu aisé lui-même, lui prêtait souvent de petites sommes.

Charlot se trouvait donc dans le plus complet dénûment, bien qu'il fût riche comme pas un négociant d'Abbeville ; et il souffrait les horreurs de la faim et du froid à côté d'une cassette renfermant cinq millions de diamants. Il est vrai que ces diamants, Charlot ne pouvait en pouvait en trafiquer sans s'exposer à être reconnu comme un des spoliateurs du Garde-Meuble ; d'un autre côté, les communications avec l'Angleterre étaient interdites.

La profonde misère de ce millionnaire s'accrut au point qu'il en tomba mortellement malade. Sentant sa fin très-prochaine, il dit un jour à Dumontville, qui n'avait pas cessé de lui témoigner beaucoup d'intérêt : — Ouvre le tiroir de cette table ; il y a dedans une petite boite qui me fut confiée il y a bien longtemps ; prends-là, et si je meurs fais-en l'usage que tu voudras. Dumontville s'en alla avec la boîte qui était fermée par un papier cacheté ; le lendemain, lorsqu'il voulut monter au grenier de Charlot pour savoir de ses nouvelles, on lui apprit qu'il venait d'expirer. Rien n'empêchait plus Dumontville de briser le papier cacheté : il fut ébloui, aveuglé, Mais, aussi embarrassé que Charlot il

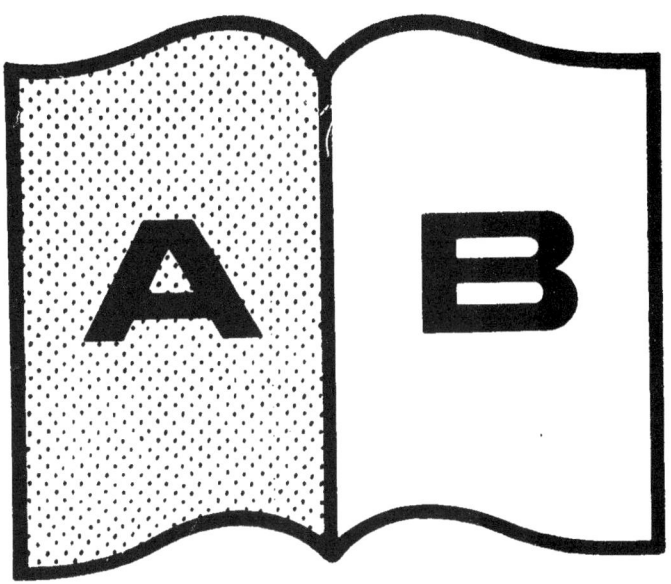

Contraste insuffisant
NF Z 43-120-14

n'osa pendant longtemps parler à personne de son trésor : son seul plaisir était, dans un beau jour, après avoir verrouillé sa porte, de pendre les diamants dans sa main et de les mouvoir au soleil pour jouir de leur éclat. Il finit cependant, après bien des hésitations et des réticences, par s'ouvrir à un de ses parents, M. De.....re, ancien membre de l'Assemblée législative et qui avait été chargé autrefois de faire le recensement des objets volés au Garde-Meuble; il apprit de lui que les susdits diamants étaient la propriété de l'État. Effrayé de sa découverte Dumontville jugea opportun de garder le silence, comme avait fait autrefois Charlot.

—

Ce ne fut que lors de la Restauration qu'il se hasarda à solliciter une audience de M. le comte de Blacas, ministre de Louis XVIII, et à lui remettre la précieuse cassette. M. le comte de Blacas exalta vivement sa loyauté, sa fidélité et le patriotisme par qui l'avait guidé à conserver intact ce trésor national pour ne le déposer qu'entre les mains de ses légitimes possesseurs. Quelques mois après cette entrevue, Dumontville (il n'était alors qu'un modeste employé des droits-réunis) reçut le titre de chevalier de la Légion-d'Honneur et le brevet d'une pension de six mille francs.

Cette aventure, qui est racontée longuement par l'abbé de Montgaillard, représente, jusqu'à présent du moins, le dernier chapitre de cette procédure romanesque des Diamants de la Couronne. Je dis *jusqu'à présent*, car de nos jours plusieurs gens se bercent encore (le croirait-on?) de l'espoir de retrouver quelques-uns de ces cailloux miraculeux;

bien des plongeons ont été faits dans la Seine sous le pont Louis XVI, à l'endroit où l'on assure que les voleurs ont jeté une partie de leur éblouissant butin ; bien des poutres ont été dérangées dans les greniers des faubourgs. Mais ne peut-on pas comparer ces obstinés chercheurs d'or à ces pauvres croyants sans cesse préoccupés des millions de Nicolas Flamel, enterrés on ne sait où, ou bien encore à ces maniaques qui décousent les vieux fauteuils pour découvrir les trésors des émigrés ?

CHAPITRE HUITIÈME.

VIII.

Nicolas Roussel.

Il faut maintenant revenir sur nos pas, c'est-à-dire nous reporter au lendemain du vol du Garde-Meuble, au 18 septembre.

Ce jour-là, la seconde section du Tribunal criminel commença à instruire le procès de Nicolas Roussel, ancien contrôleur ambulant des barrières.

Mais, avant l'ouverture de l'audience, le commissaire national donna lecture au peuple de la loi relative à la sûreté des prisonniers; cette lecture fut suivie d'un discours du président Laveaux, dans lequel il rappela les devoirs de l'humanité et invoqua éloquemment le respect dû à l'infortune.

Le public saisi d'un bon et beau mouvement, cria tout d'une voix :

— Nous jurons de respecter les accusés !

Après les désordres qui avaient signalé les procès de Montmorin et de Backmann, ce n'était pas une précaution inutile.

Nicolas Roussel, un malheureux démeurant rue Mouffetard, comparut ensuite devant les jurés.

Il avoua qu'il avait fait partie pendant quelques jours des brigades contre-révolutionnaires de Collenot-d'Angremont et qu'il recevait cinquante sous par jour pour aller prêcher le royalisme dans les cafés et dans les groupes.

Cela méritait bien la mort.

Le 19 septembre, cet *apôtre du machiavélisme et de la tyrannie*, comme l'appelle un journal, fut conduit à la guillotine à deux heures de l'après-midi.

Dans la même journée, l'Assemblée décréta que la commune serait tenue de choisir pour les exécutions une autre place que celle qui allait devenir la place du palais de la Convention.

Pour ne laisser échapper aucun des documents qui se rattachent à l'histoire du Tribunal du 17 août, citons un fait qui concerne directement un des ex-membres de ce tribunal.

Voici ce qu'on lit dans le *Moniteur* du 20 septembre :

« Le ministre de l'intérieur adresse un reproche à l'Assemblée touchant le peu de force et le peu d'exactitude que l'on met à la préservation des biens nationaux.

Il se plaint qu'on répète avec scandale que le *voleur d'Aubigni* aspire à être employé dans une commission ; il assure qu'à l'avenir il ne signera aucune commission sans en connaître à fond le sujet.

CHAPITRE NEUVIÈME.

IX.

Épisode de la place de Grève.

Sur la place de Grève, deux jours après l'exécution de neuf émigrés, le Tribunal du 17 août envoyait un jeune gendarme de vingt-huit ans, condamné à dix années de fers et à quatre heures de carcan.

Dotel avait été convaincu de meurtre sur un soldat caserné à la Courtille, mais Dotel avait été provoqué, injurié ; la fureur seule arma son bras, et il fut homicide sans être assassin.

Une foule nombreuse assistait à son exposition ; c'était pour la plupart les habitués de la salle d'audience, en qui s'était éveillée quelque compassion.

On trouvait généralement l'arrêt du Tribunal trop rigoureux; on s'empressait autour de Dotel et on le plaignait d'autant plus que sa figure contractée exprimait une vive douleur.

Au bout de trois heures, il appela un gendarme et lui demanda à être détaché pour quelques besoins (texte du *Moniteur*).

Le gendarme fit la sourde oreille, ce qui excita les murmures de plusieurs hommes du peuple.

Dotel insista.

— Bah! lui répondit le gendarme, vous n'avez pas plus de trois quarts d'heures à rester exposé.

Cependant le motif de ses supplications se répandait parmi les assistants, qui s'apitoyaient sur ce pauvre diable et s'irritaient de la dureté des gendarmes.

Il était évident que Dotel se trouvait en proie aux plus atroces souffrances.

— Détachez-le ! détachez-le ! disait-on de toutes parts.

Les gardes ne bougèrent pas.

Alors il se fit un mouvement dans la foule,

Un gros d'hommes, les uns en bourgeois et les autres en uniforme, se dirigea vers l'échafaud, en criant :

— Sa liberté! sa liberté! Nous l'aurons de force!

Au milieu du tumulte, un gendarme lança son cheval au galop pour aller requérir du renfort au corps-de-garde de la réserve.

Pendant ce temps-là, on était monté sur l'échafaud.

— Des couteaux, pour couper les cordes! nous n'avons pas le temps de les dénouer, disait un dragon d'environ cinq pieds six pouces, couvert de son casque et vêtu d'un habit vert à boutons à la hussarde.

Un autre militaire, qui est resté inconnu, s'exprimait chaleureusement en ces termes :

— Si Dotel était un voleur, je ne m'opposerais pas à son châtiment.

Mais c'est un brave garçon, je le connais, et il faut qu'il soit délivré !

La présence de ces soldats a fait croire à un coup de main prémédité.

C'est possible ; toutefois on n'en a jamais eu d'autres preuves.

On ne résiste pas à la foule.

Après avoir reçu quelques horions, les

gendarmes comprirent que ce qu'ils avaient de mieux à faire, c'était de se retirer au secrétariat de la Maison Commune et d'y dresser leur déclaration.

Immédiatement après leur départ, la potence fut ébranlée, le tabouret jeté à bas, l'écriteau déchiré, et Dotel emmené par le peuple au bruit des cris accoutumés de :

Vive la nation !

Cette audacieuse infraction aux lois fit quelque sensation dans Paris.

Le corps municipal chargea le procureur de la commune de poursuivre devant les tribunaux la réparation de ce délit, et arrêta que la Convention nationale serait tenue au courant des démarches opérées à ce sujet.

Je ne sache pas cependant que Dotel soit jamais retombé sous les serres de la justice.

Il est supposable qu'il aura réussi à gagner la frontière.

On n'a jamais pareillement entendu reparler de ses prétendus complices.

FIN DES RUINES DE PARIS.

Imprimerie Worms et Cie à Argenteuil.
Bureaux rue Sainte-Anne, 63, à Paris.

En vente

MONSIEUR CHERAMI

par CH. PAUL DE KOCK, auteur de MONSIEUR CHOUBLANC, la MARE D'AUTEUIL, CERISETTE, une GAILLARDE, etc.

LE PRIX DU SANG

par A. de GONDRECOURT, auteur de la VIEILLE FILLE, UNE VRAIE FEMME, les MÉMOIRES D'UN VIEUX GARÇON, etc., etc.

L'ENVERS ET L'ENDROIT, ÉPISODE DE LA FIN DU RÈGNE DE LOUIS XIV

par AUGUSTE MAQUET, auteur des DETTES DU CŒUR, la MAISON DU BAIGNEUR, la BELLE GABRIELLE, le COMTE DE LAVERNIE.

LE MARQUIS DE LUPIANO

par CHARLES RABOU, auteur de la FILLE SANGLANTE, le CABINET NOIR, l'ALLÉE DES VEUVES, le CAPITAINE LAMBERT, etc., etc.

LA BÊTE DU GÉVAUDAN

par ÉLIE BERTHET, auteur de les CATACOMBES DE PARIS, le GARDE CHASSE, le GARÇON DE BANQUE, etc., etc.

MONSIEUR TROIS ÉTOILES

par Madame la Comtesse DASH, auteur de la FÉE DU JARDIN, la DERNIÈRE FAVORITE, etc., etc.

LES DRAMES DE PARIS

par le Vicomte PONSON DU TERRAIL, auteur de la CAPE ET L'ÉPÉE, la BELLE PROVENÇALE, la CONTESSINA, etc., etc.

Paris. — Imprimerie de P.-A. BOURDIER et Cⁱᵉ, rue Mazarine, 30.

www.ingramcontent.com/pod-product-compliance
Lightning Source LLC
Chambersburg PA
CBHW071527160426
43196CB00010B/1686